Generis
PUBLISHING

AF431769

Gestion des dimensions humaines et de la quatrième dimension

Benoit Parfait

CIP a Camerei Naționale a Cărții

Parfait, Benoit.

Gestion des dimensions humaines et de la quatrième dimension / Benoit Parfait: Generis Publishing, 2020 (Print on demand). – 101 p. : fig.

Referințe bibliogr.: p. 100.

ISBN 978-9975-153-20-1.

27

P 34

Cover image: www.pixabay.com

Generis Publishing

Online orders: www.generis-publishing.com
Orders by email: info@generis-publishing.com

SOMMAIRE

Introduction

Comme dans la tradition juive, l'éducation des enfants est délaissée par les hommes au profit des femmes, ce qui fait que lorsque l'enfant grandi, sauf par détournement de conscience, le lien maternel est souvent plus fort que le lien paternel. Le monde selon Dieu aura parlé de la paternité de l'enfant, dans le ressentir interne de l'enfant, c'est celui de la maman qui prédomine dans sa conscience. Pendant que je grandissais aux pieds de ma maman, celle-ci avait l'habitude d'une maxime sur le chasseur : "mon fils, pendant qu'un chasseur piste un gibier en forêt en observant les empreintes des pattes, s'il remarque l'empreinte d'un être humain, alors il se pose mil et une questions". Elle avait en sa mémoire plusieurs maximes de la sorte. Mais, celle du chasseur pisteur était la plus fréquente. J'ai finalement compris qu'elle voulait me dire exactement qui est l'homme. Un jour elle m'a dit : vois-tu, pendant que l'être humain dort, il lui arrive de vivre des songes. Dans cet état, c'est une partie de son être appelée "âme" qui subit ce que l'autre partie de son être, appelé "esprit" lui montre et c'est la conscience corporelle qui retient tout ce que l'âme subit. Alors, au réveil, l'être humain peut relater son songe. Les trois parties sont inséparables pour la vie d'un être humain. Si l'une vient à subir un disfonctionnement, l'être humain tombe malade ; c'est pour cela que cet ensemble forme ce qu'on appelle : le système de l'être humain.

Le système de l'être humain est composé de trois entités : le corps humain visible, l'esprit humain qui enveloppe le corps et l'âme qui vit dans le sang. A ces trois entités, peut s'ajouter une quatrième dimension qui peut venir de deux côtés bien distincts : le Saint Esprit, ou un ange déchu de la gloire de Dieu appelé à cet effet démon. Les animaux ont aussi trois dimensions, mais nous nous attarderons sur celles de l'homme. Ces dimensions peuvent être utilisées et être développées de plusieurs manières. Ce sont ces développements et utilisations que je vais essayer de parler dans ce livre à la lumière du Saint Esprit et des consciences averties, selon les expériences vécues et selon les témoignages des uns et des autres reçus en ma présence. Je me limiterai uniquement sur l'être humain. En suite dévoiler comment contrecarrer et renverser les œuvres occultes hors de sa vie et de ses entreprises, comment invoquer la prospérité financière, matérielle, la protection personnelle par la destruction des maladies spirituelles et les maladies d'ordre clinique.

But ce livre

Le but de ce livre est de démontrer que les êtres humains faits à l'image de Dieu peuvent devenir riche : intellectuellement, financièrement, matériellement grâce au Saint Esprit, et être protégé par la puissance de Dieu que véhicule le Saint Esprit lorsqu'ils s'attachent à Jésus. Grâce au Saint Esprit, les hommes et les femmes peuvent devenir des modèles dans la société. Grâce au Saint Esprit, les hommes et les femmes peuvent impactés leur environnement et devenir des leaders de la société. Une richesse et une domination qui ne souffrent d'aucun chagrin, car Jésus la donne avec Amour.

Grâce à la discipline personnelle, des prières appropriées et des enseignements qu'il faut, l'on peut décider de sortir du néant et se hisser au sommet de monde, car rien n'est impossible à Dieu.

Par contre que ceux qui s'aventurent dans l'occultisme pour s'élever finissent toujours par payer au plus fort de leur âme, malgré les sacrifices à eux offerts à Satan.

Présentation des dimensions

Le corps

Le corps est la seule partie de la dimension vitale de l'être humain qui est visible par l'œil de tout être vivant. C'est la partie du système de l'être humain qui porte les autres parties. Quoi que soumis aux autres, le corps est la dimension qui manifeste les dommages que peuvent subir l'âme et l'esprit. Cependant, certaines infirmités peuvent se manifester sur le corps sans que ceux-ci n'affectent l'âme et l'esprit. C'est alors qu'un individu peut être infirme dans le corps, mais dans son âme et son esprit, il se voit entier et normale. J'ai souvent entendu des personnes dire que son sexe ne réagit pas physiquement devant le sexe opposé, mais en songe il se voit faire l'amour avec des femmes et qu'à ce moment-là, il est bien en érection. Une personne peut présenter un membre (jambe) amputé, mais se voit courir avec ses deux jambes dans les songes. Ce qui veut dire que les accidents ou les manquements physiques n'influencent pas l'âme et l'esprit. Cependant, si le corps est malade, l'âme et l'esprit ont du mal à se stabiliser dans le corps. C'est pour cela que les occultistes et certains croyants de certaines assemblées locales ont souvent tendance à mépriser le corps. D'autres vont jusqu'à appeler le corps comme étant le véhicule des autres parties du système vital de l'être humain. Le corps humain demeure la dimension pesante du système vital humain ; par conséquent moins considérée par les spiritualistes et les occultistes. Malgré le dénigrement du corps, lorsque celui-ci est malade, ils commencent à avoir peur.

L'esprit humain

L'esprit de l'être humain est la partie la plus légère des trois dimensions qui constituent le système vital. Généralement, c'est la partie la plus légère. L'esprit humain peut être détaché du corps sans être séparé de celui-ci. Lorsque l'homme dort, son esprit humain, tout autour de son corps se présente comme une nuée enveloppante. C'est à ce prix-là que l'on peut parler d'une entité insaisissable. Le rôle de l'esprit humain est de fournir au système vital des renseignements concernant son environnement. L'esprit humain selon la conception du créateur, ne peut pas être retenu prisonnier par une quelconque entité. C'est la seule dimension de l'homme qui demeure indépendante des autres dans l'accomplissement de ses devoirs envers l'homme. Lorsqu'une personne dit qu'elle ne sent pas confortable dans un milieu, c'est son esprit qui provoque ce refoulement.

L'âme humaine

Une dimension humaine mal connue et mal maîtrisée par l'être humain. Les interprétations des faits ressentis par le corps sont souvent attribuées soit à l'âme, soit à l'esprit ou au corps même sans savoir exactement où il faut localiser les origines. Pourtant, si l'être humain laissait les spécialistes faire leur diagnostic, plusieurs problèmes trouveraient facilement des solutions. L'âme est la partie de la dimension humaine qui porte tous les biens et maux de l'homme. C'est la dimension qui détermine l'état de santé de l'être humain. La santé peut être spirituelle ou clinique. Les deux cas sont toujours déterminés par l'âme. L'état de santé que reflète le corps est directement dépendant de l'âme. L'âme est la dimension humaine qui peut facilement être possédée, influencée si l'esprit n'est pas fortement développé. La résistance ou l'endurance du corps face à certains fléaux ou calamités dépendent de la protection de l'âme.

L'âme est la vie qui se trouve dans le sang, c'est un esprit. C'est la vie d'un être humain et de tout individu. Quand Dieu demande aux Israélites de ne pas manger un animal avec son sang, c'est parce que l'âme est la vie de tout individu à sang rouge. C'est également la partie qui lui revient de droit chez tout être vivant, la partie qui passe en jugement selon la bible. Dieu tient tellement à cette partie de la dimension humaine. C'est la seule partie par la quelle Dieu détermine le degré d'attachement d'un individu à sa cause. Si un serviteur est capable de lire dans l'âme d'un individu humain, alors il est capable de déterminer le degré d'attachement de la personne en l'Eternel Dieu. L'âme est également la dimension du système vital humain qui peut être possédée ; c'est-à dire prise en otage par d'autres entités. L'être humain vit sans s'en rendre compte de son existence dans son système vital. La majorité des êtres humains parlent couramment de l'esprit en lui attribuant tout genre de mérite, sans savoir que la racine se trouve dans l'âme. En science, l'on parle de corps astral. C'est évidemment la partie du système vital qui se sépare des autres et entraine à coup sûr le décès. L'esprit peut être retiré et changé ; quant à l'âme, ce processus n'est pas faisable. Dans les traitements des cas désespérés par les pratiquants occultes (guérisseur, spiritualiste, charlatans, médium…), quand ils prétendent traiter, ils ne donnent qu'un soulagement temporaire conditionné ; ils font ce qu'on appelle le jeu de passe-passe : c'est-à-dire qu'ils calment l'esprit qui cause le mal par un autre esprit plus fort. Et, pendant une période spécifique de l'année ou du mois, cet esprit fort provoque un trouble spécifique qui est désormais un caractère spécifique de l'individu. Ces personnes sont instables à vie. Etant pourvus de deux dimensions occultes antagonistes à cause de la maladie. Ces dimensions seront toujours en conflit, et c'est ce conflit qui provoque un combat constant dans la conscience de la personne.

La quatrième dimension

La quatrième dimension est une réalité et non une utopie. Lorsque Jean Baptiste parle du baptême par le feu et du Saint Esprit, il fait référence à la quatrième dimension (le Saint Esprit) que donne Jésus et qui vient redorer la gloire de Dieu dans la vie des êtres vivants ; en particulier les humains. C'est cet esprit qui permet à l'homme de recommencer à communiquer avec Dieu dans son intimité, comme ce fut dans le jardin d'Eden avant la chute. Avec Jésus en tant que Roi, tout cela est redevenu possible par le Saint Esprit.

La quatrième dimension est l'entité spirituelle qui s'ajoute toujours aux trois dimensions du système vital de l'être humain. Dans l'état normal de la création, selon le livre de Jean, l'homme nait dépourvu de cette dimension. Cette entité est différente des autres esprits de Dieu selon le livre d'Apocalypse. Et lorsque Jean Baptiste parle également de races de vipère, il fait également allusion à l'esprit contraire au Saint Esprit : l'esprit qui corrompe les consciences, l'esprit de tous les maux que peut connaître le monde : l'esprit de Satan.

Il existe deux sortes de quatrième dimension :

- La quatrième dimension positive est l'esprit qui vient de Jésus, selon la bible et qui la donne en guise de don à tous ceux qui croient à sa parole. Au vu de tous les bons attributs que le monde donne à Jésus, cet esprit à coup sûr est un bien faiteur qui, venant dans la vie d'un être humain, change tout le mal en bien. C'est par cette dimension que le croyant est connecté à Jésus et à tout ce qui fait office de sa gloire divine depuis le trône de gloire. Il règne avec cet esprit comme le faisait Jésus de son temps terrestre dans la chair.
- La quatrième dimension négative est l'esprit qui provient de Satan, il est matérialisé par les anges déchus et est donné à ceux qui confient leur vie à Satan en acceptant de vendre leur âme au diable (qui acceptent l'entrée des démons dans leur vie).

La quatrième dimension positive (le Saint Esprit)

Selon *Luc 3 : 16*

*Jean Baptiste leur dit à tous : Moi, je vous baptise d'eau ; mais il vient, celui qui est plus puissant que moi, et je ne suis pas digne de délier la courroie de ses souliers. Lui, il vous baptisera de **feu et du Saint Esprit**.*

Dans le livre de Jean, deux principes qui en somme ne font qu'un, sont énumérés : le feu et le Saint Esprit. Le feu va forcément avec le Saint Esprit, mais le Saint Esprit n'est pas forcé d'aller ensemble avec le feu. Le Saint Esprit peut donc être là sans son feu, ce qui veut dire que la personne a une intelligence qui fascine les gens. C'est à ce cas que le monde parle du don du ciel qui est différent des dons du Saint Esprit. Par contre, si c'est le feu qui précède, le Saint Esprit y est également. Ce sont de telles personnes qui réalisent des prodiges dans les ministères spirituels qui leur sont confiés et dans leur vie quotidienne ; dans la vie des hommes et des femmes entrepreneurs et dans leurs entreprises. Qui est donc le Saint Esprit ?

*Mot à mot, c'est l'esprit de Dieu. La troisième personne de la Sainte trinité.
*C'est la **force de succès et de réussite** de Dieu le créateur dans la vie des hommes, des femmes et des enfants qui l'aiment.
*C'est la puissance de domination de Dieu pour tous ceux qui l'aiment.
*C'est l'autorité de Dieu donnée aux êtres humains qui l'aiment.
*c'est l'esprit de fécondité de Dieu. Rappelons que dans le livre de Genèse, Dieu donne aux êtres humains la capacité d'être féconds. Avec la Saint Esprit, les êtres humains obtiennent une double fécondité : spirituellement ils reçoivent, et charnellement, ils produisent et matérialisent cette fécondité dans leur entrepreneuriat et dans leur santé (santé financière, santé physique, santé matérielle, santé morale…)
*C'est le Tout Puissant des derniers temps parmi les êtres humains et dans les êtres humains…
Dans,
Jean 1
*1.12 Mais à tous ceux qui l'ont reçue, à ceux qui croient en son nom, elle a donné **le pouvoir de devenir enfants de Dieu**, lesquels sont nés,*
*1.13 non du sang, ni de la volonté de la chair, ni de la volonté de l'homme, mais de **Dieu**.*

D'habitude, lorsqu'on pose la question à certains serviteurs du corps du Christ quand est-ce qu'ils sont devenus enfants de Dieu ? c'est-à dire le jour où chacun reconnait qu'il a fait la rencontre effective avec Jésus et qu'il a impacté la vie personnelle. Ou encore, quand il a été visité par le Saint Esprit ? Plusieurs sont incapables de répondre avec exactitude. Pourtant, ce moment est très important dans la vie du croyant. Il détermine le degré d'onction dans la croissance consciente avec le Saint Esprit, et détermine également la vocation. Certaines personnes vivent souvent certains évènements dans leur vie sans savoir que c'est la main de Dieu qui agit déjà dans leur vie. Or, ce sont des moments qu'il faut qu'ils se souviennent afin de mieux cadrer leur vocation. Lorsque la vocation est bien cadrée et bien comprise par le croyant qui entre en contact avec les vertus du Saint Esprit, elle saura gérer efficacement le Saint Esprit dans toute sa capacité spirituelle et physique.

Pendant que je rendais ministère à l'"Eglise Puissance de Dieu", j'avais constaté que les personnes qui venaient suivre la délivrance auprès de moi perdaient toujours les membres de leur famille. Je ne comprenais pas la cause. Il a fallu que j'aille à l'école pour la formation intellectuelle et spirituelle pour enfin comprendre ce qui se développait en moi comme onction et vocation. Finalement, par des enseignements bien appropriés que je me suis souvenu qu'un jour, dans ma chambre, une voix me parla et me dit en des mots bien clairs : "*Tu seras bientôt Juges*". En remontant un peu plus loin en classe de première, je vis dans le songe le Seigneur Jésus qui m'est apparu et m'a demandé de le saluer en serrant sa main à deux reprises. Le mouvement fut comme lorsqu'on transmet le pouvoir communément : il m'a tendu sa main droite, et m'a dit "*salue-moi*, je fis le geste et il m'a demandé de tirer. Je fis le geste à deux reprises et je me suis réveillé". Dès ce moment, j'ai commencé à imposer les mains aux enfants de mon frère ainé et à biens d'autres dans le village où j'ai grandi de manière inconsciente. Comme surprise, il y avait des solutions à tout ce que je faisais. Lorsque je suis arrivé en Christ, j'ai continué dans la même lancé. Il a fallu que ce soit l'école qui vienne bien cadrer ce que je faisais et que je puisse bien comprendre ce qui m'arrivait dans le service spirituel du Christ. Le Saint Esprit est très important et nécessaire, non seulement pour le service cultuel de Christ, mais aussi pour soi, ses enfants et tous ses proches. C'est l'ami le plus fantastique de la vie d'un individu.

Jean 3
3.3 Jésus lui répondit: En vérité, en vérité, je te le dis, si un homme ne naît de nouveau, il ne peut voir le royaume de Dieu.

3.4 Nicodème lui dit: Comment un homme peut-il naître quand il est vieux? Peut-il rentrer dans le sein de sa mère et naître?

3.5 Jésus répondit: En vérité, en vérité, je te le dis, si un homme ne naît d'eau et d'Esprit, il ne peut entrer dans le royaume de Dieu.

Les deux déclarations : celle de *Jean1* et celle de *Jean 3* sont identiques ; à la seule différence que la deuxième explique mieux la première. La quatrième dimension que procure Jésus provient donc du fait que l'homme se reconnait et s'identifie dans la parole de Jésus. C'est ce que Jésus dit qu'il faut naître d'eau. La parole est l'eau qui, venant dans la vie des hommes, instruit comment il faut mener le mode de vie que Jésus propose, afin que la personne puisse être reconnu par le Saint Esprit. A partir du moment que l'on accepte la parole évangélique de Jésus, le démantèlement de la structure du vieil homme s'amorce. En d'autres termes, les vieils habitudes et comportements disparaissent peu à peu, et ne s'arrêteront que lorsque l'on perd totalement ces habitudes et comportements. En même temps, le processus de la manifestation du saint Esprit s'installe et grandit au fur et à mesure que l'on s'accroche à la parole de Jésus.

Le processus d'abandon du vieil homme est l'un des plus complexes dans la vie que propose Jésus à ses croyants. Ce processus demande parfois des sacrifices (changement des habitudes et des comportements) qui peuvent provoquer des compromis avec l'entourage. Le croyant devrait beaucoup utiliser son intelligence pour mieux gérer cette période de transition. Il ne faut pas que ce soit une partie d'aliénation du croyant où tout son entourage serait vu ou traité comme des intrus, ou des gens mal saints (les parents, des amis ; certains sont partis jusqu'à abandonner leur emploi ou détruire leur emploi en commettant des fautes lourdes dans leur profession où il y a eu perte d'emploi). Quand j'ai commencé à vivre les effets du Saint Esprit, j'étais en classe de première. En ce temps-là, je vivais avec mon frère ainé. Je me suis mis à révéler tout ce que le Saint Esprit me montrait de mal que faisaient les membres de la famille de mon papa. Un jour, il me fit appel et me dit : il *est bien vrai que tout ce que le Saint Esprit te montre est vrai, mais ce n'est pas comme cela qu'il faut gérer ces choses.* Par beaucoup de paroles et de conseils, il a fini par m'amener à bien canaliser les dons du Saint Esprit en moi. En ce temps-là, je ne savais même pas qui était le Saint Esprit, ni comment il se manifestait dans la vie des hommes. Cette vie a permis que je m'habitue aux interventions du Saint Esprit dans ma vie, de manière que, lorsque je rencontre consciemment Jésus, j'avais déjà une longueur d'avance sur d'autres membres de l'assemblée. J'ai vite fait par maîtriser les rudiments de la conjuration des démons et leurs méfaits dans la vie des hommes et des femmes. Ensuite, je me suis concentré sur les guérisons des maladies d'ordre de santé publique et qui ne trouvaient pourtant pas de solution dans les hôpitaux (Cancer, Diabète, hypertension, tuberculose…). Tous ces miracles ne satisfaisaient pas ma faim. Je voulais toujours aller plus loin avec le Saint Esprit.

Lorsque quelqu'un veut aller loin avec le Saint Esprit, surtout en ce qui concerne le bien être personnel, il est absolument primordial que la personne apprenne, étudie et retienne tout ce qui est agréable au Saint Esprit, de manière à faire de lui son Ami personnel. Une raison essentielle de se laisser purifier par la parole qui est l'eau de vie, l'eau vive qui coule du trône de gloire : des révélations et des édifications que les hommes de ce monde ne peuvent recevoir en particulier. Mais toi son ami, il prendra même le plus grand secret qui se trouve dans le sein du père de gloire et te le révèlera.

Finalement, je me suis concentré sur Exodes et ses principes de libérations et de bénédictions ; surtout les bénédictions financières, le succès dans les entreprises, l'élimination des blocages, la maximisation des revenus pour une entreprise. Acquérir l'esprit d'ouverture dans sa pensée et comment mener une vie de visualisation pour ses projets. Ces faits ne sont pas des dogmes ou de l'utopie, mais des faits réels que tout croyant sérieux en Jésus doit vivre au quotidien de sa vie. Ces réalités sont des faits qui prennent place et font corps et esprit avec le croyant au fur et à mesure que l'on chemine avec Jésus. Et, c'est pendant ce cheminement que la quatrième dimension de Jésus prend place dans la vie de l'individu disciple. Cependant, le Seigneur Jésus peut également par sa propre volonté faire descendre cette gloire dans la vie de quelqu'un sans que celui-ci soit profondément attaché à sa doctrine. Cette quatrième dimension dépend donc uniquement de Jésus. Parfois les serviteurs font des prières spéciales pour faire descendre cette dimension sur les croyants. Il est toujours dit que ce ne sont pas tous ceux qui prennent part à ces séances qui en sortent nanti de cette cet Esprit.

L'Ami de quelqu'un

Dans la vie de chaque jour, les hommes et les femmes cherchent soit à améliorer le niveau de vie, soit à se protéger. Les serviteurs dans les églises pensent que, lorsque quelqu'un manifeste les prouesses du Saint Esprit, il faut nécessairement que la personne concernée se mette au service de l'église. Jésus n'a parlé d'église que vers la fin de son ministère. Lorsqu'il déclare que :"*sur cette pierre je bâtirai mon église et les portes de la mort n'auront aucun droit sur elle*". L'église ici n'est pas le temple construit des mains d'homme, mais du temple qui est fait à l'image de son Père, l'Eternel Dieu Yawehjehovah. Ce qui fait que depuis la pentecôte, l'église de Jésus est l'être humain que vous et moi sommes. Dans les évangiles, Jésus parle du champ de Dieu. C'est un espace très vaste dans lequel doit évoluer son église (le croyant). C'est le lieu où foisonnent toutes les richesses dont a besoin l'église pour vivre. Le Saint Esprit, par des soupirs inexprimables veut travailler avec l'église que tu es pour te faire réussir dans tes entreprises.

Le défi avec la quatrième dimension de Jésus : le Saint Esprit

Le plus grand défi que j'aime amener les hommes et les femmes à surmonter dans leur vie est celui de la conquête des biens matériels dans le champ de Dieu. J'aimerais que les hommes et les femmes commencent à comprendre qu'il faut d'abord changer de langage et de mentalité. Désormais, considérer le monde que c'est le champ de Dieu leur Père et qu'ils sont des héritiers et héritières de ces richesses. Une fois que cela est déjà fait, alors ces hommes et ces femmes peuvent donc partir à la conquête des biens et richesses du champ de leur Père.

Ce que je vais dévoiler à la suite n'est pas un jeu pour enfant. Cela nécessite la détermination et l'efficacité dans les actes et les engagements. En guise de rappel : il a fallu à Moïse de se présenter dix fois devant pharaon le roi d'Egypte pour obtenir la sortie d'Egypte des Israélites avec tous leurs biens. Il pouvait ainsi dire *"jusqu'à la dernière aiguille, rien ne restera"*. La bénédiction qui ne souffre d'aucun chagrin est celle qui provient de Jésus. C'est vers elle que j'ouvre la connaissance des croyants en Jésus. Lorsque Jésus parle de vie, il fait allusion à la prospérité tous azimuts. Le problème qui se pose avec ceux qui font son église vient du fait qu'ils ne sont pas suffisamment formés. La préparation est de courte durée et surtout la libération de la personnalité du "moi" qui est parfois un grand blocage. Elle présente toujours des séquelles de rétrogradation, quand bien la conscience est en train d'émerger. La prospérité pour une personne qui se reconnait en tant qu'église du Christ Jésus, devrait travailler sur la position du "surmoi" ; ceci ferrait qu'il ne dira jamais qu'il a eu pour lui, mais pour la gloire de Dieu. C'est alors que son rayonnement sera très grand dans le champ de Dieu, pour ne pas dire le monde.

Une révélation fracassante : les hommes et les femmes qui exercent dans l'art de la destruction des vies à autrui pour s'élever sont des personnes bien formées. Elles consacrent leur temps à étudier comment s'élever au détriment des vies de leurs semblables. Et, quel que soit le continent où se trouve l'adepte, la formation se fait dans deux pays uniquement dans le monde : l'Angleterre et l'Inde. Ces gens y vont en esprit (quatrième dimension). Pour donc rivaliser avec eux, toi église, forme-toi et le Saint Esprit en toi sera très efficace.

Voici ce que l'on est amené à vivre pendant son ascension.

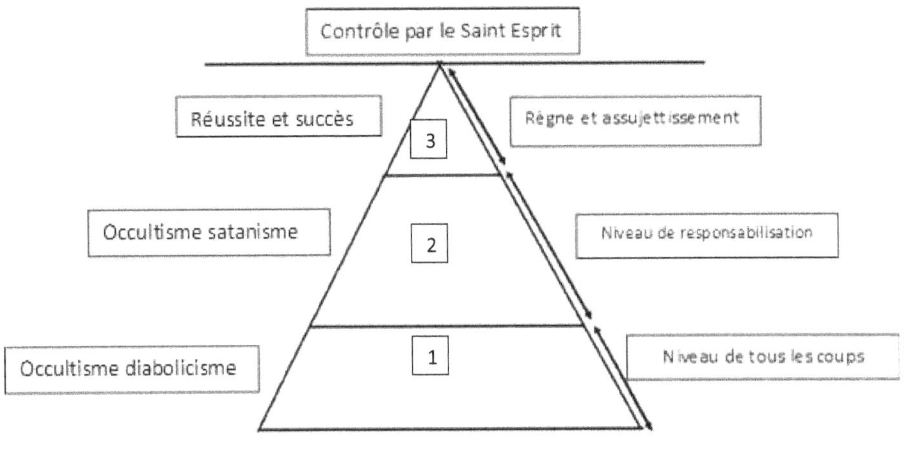

Diagramme d'élévation

Avoir les arrhes du Saint Esprit ne veut pas dire qu'il faut obligatoirement être assis dans un temple ou assemblée du Christ. Ce que j'aimerais est que le croyant en Christ soit un homme ou une femme d'affaires, un employé ou une personne nantie en biens spirituels, en biens financiers et en biens matériels. Lorsqu'un individu décide de vivre l'ascension vers le succès, il aura à affronter les intempéries dues à la position qu'il veut atteindre. Déjà, la gloire de Dieu ne se cache pas. Il faut seulement être discret. Parfois, celui qui vous suit peut ne pas être au courant de votre évolution. L'on vous dira que la fois est commune, mais sachez que l'élévation est individuelle.

Niveau 1

Tous les combats que l'on peut vivre pendant son ascension sont des faits que la personne est seule à vivre ; d'où la célèbre parole, "*c'est mon objet, il ne regimbera pas contre les aiguillons*". Lorsqu'on se débat avec une volonté et une détermination de grandir et de vivre les biens faits de l'attachement en Christ, le niveau 1 où tout commence, est celui de la découverte de la réalité sur les rudiments de la foi, de la fortification de la vie du croyant en Christ. Ici, le croyant est sujet à tout genre tourment (insultes, mépris, parole de déviation, excommunication…) qui sont là pour provoquer son découragement, mais en fait qui sont produits par la volonté de Dieu pour la formation de croyant. A ce niveau, le croyant ne doit pas prétendre créer une entreprise ou ouvrir un commerce, il risque tout perdre et maudire même Dieu. Il est novice, et ne peut pas encore voir tout ce qui se passe tout autour de lui ou contre lui. Au niveau 1, l'occultisme diabolicisme est de taille à détruire l'âme de quelqu'un. C'est la grande cour où les moutons cognent expressément les brebis pour les tester. Avant que je ne connaisse exactement la définition de la délivrance, chaque soir qu'il y avait réunion au temple, je partais toujours pour que les serviteurs m'imposent les mains. Un soir, une sœur du temple que je ne connaissais même pas est venue me voir et m'a parlé de la manière suivante : *chaque jour la délivrance, tu n'es pas encore délivré ?*

Un autre jour, une collègue est venue me voir dans mon bureau et m'a posé les questions suivantes :

Benoit, tu attends quoi pour mourir ?

je lui ai posé la question : pour quoi ?

elle m'a répondu : tu souffres trop.

Je lui ai répondu : les stigmates de Jésus sont mon partage.

Deux jours après, en fermant la porte centrale du bureau, contre tout attente, un gros mille pattes tombait sur le revers de ma main droite. Pourtant, avant de fermer la porte, j'ai pris soin de vérifier s'il y avait quelque chose qui n'allait pas. Je n'ai rien vu. En une semaine, ma situation clinique s'est dégradée. Elle est même allée jusqu'à ce que j'aie perdu la vue pendant deux mois. J'ai tenu bon, finalement j'ai été rétabli. Grâce à cette persévérance, je peux maintenant te faire lire ces écrits de fortification.

Niveau 2

A cette étape de la foi, l'on est déjà conscient de beaucoup de faits. Le Saint Esprit fait déjà son travail de prise de conscience, l'on peut déjà distinguer qui est pour le salut et qui ne l'est pas. Le croyant peut déjà formuler des prières en fonction de ses besoins. La confiance en le Saint Esprit a déjà fait son bon chemin. Les tentations, la corruption sont monnaie courante. Dans le tas de tous ceux qui sont dans le temple, ce ne sont pas tous qui y sont pour le salut. Certains sont là pour recruter les futurs agents de Satan, et leurs cibles sont déjà bien connues. Il est à noter que la menace peut également venir de ceux qui sont hors du temple, car le monde de la dissolution est un, et ils sont tous en contact.

Pendant que Jésus avait déjà planifié mon élévation dans l'Apostolat d'une grande assemblée de la place, celui qui était mon superviseur direct étant mis au courant, s'est mis en colère contre moi, jusqu'à me traiter de Judas Iscariote. Cela ne m'a pas découragé. Pendant que je cherchais à faire remonter le capital de mon entreprise, tellement que j'ai peiné, et cela fut remarqué par certains de mes amis, l'un vint vers moi et eut le courage de me dire :

Pasto, pourquoi acceptes-tu de souffrir ainsi ?

Pourquoi cette question ?

Tu as la richesse et tu es pauvre!

Comment ça ?

Tu as combien d'enfant, posa-t-il ?

Six, ai-je répondu.

Il faut donner certains et tu seras riche.

Sans attendre, et comme je le connaissais, je lui ai dit de donner d'abord le seul qu'il a. Lorsqu'il l'aura fait, qu'il m'appelle à son enterrement et ce n'est qu'à ce moment-là que je vais suivre son conseil.

A ces propos, il est parti sans demander ses restes.

Lorsque quelqu'un a déjà atteint le niveau 2, l'ennemi sait qu'il va surement réussir, il va donc utiliser tout ce qui est en ses capacités pour corrompre le croyant. Les tentations peuvent provenir de n'importe où ; même là où l'on n'espérait pas qu'une chose pareille pouvait se produire. A ce niveau, le croyant peut déjà commencer à concrétiser ses objectifs et ses projets.

Le niveau 3

C'est le niveau des recherches et des améliorations de ses acquis : acquis spirituels, acquis financiers, acquis matériels et consolidation du leader et de son leadership. C'est le niveau où la chute n'est pas permise. Les êtres humains du champ de Dieu pensent toujours que le croyant en Christ est une personne faible. C'est cet évangile que beaucoup enseignent dans les assemblées et temples Chrétiens. Moi-même je menais une vie basée sur des principes pareils, les principes de passivité. Mes enfants furent les plus actifs dans ce comportement. Mais un jour, avec le comportement d'escroquerie et à répétition du bailleur, je fus étonné que ce soient eux qui furent les premiers à me dire que cette fois-ci, il ne faut plus accepter ni tolérer une extorsion, quel que soit la façon ou la manière que cela peut venir du bailleur. Finalement, en retour, le bailleur fut le premier à me dire qu'il ne comprenait plus mon comportement. En effet, la rigueur de Salemon a fait ascension dans mon être. Au moment où je mets ce livre pour publication, il est entrain de payer de son comportement d'escroquerie. Ce récit est pour dire aux croyants en Christ que le Saint Esprit, est un esprit d'une extrême rigueur. Jésus lui-même ne s'était jamais laissé marcher dessus, il en est pour chaque croyant qui veut prospérer. Ne jamais laisser même un iota de terrain à la paresse ni à la passivité. C'est le niveau où l'on invoque la venue en existence de l'argent. L'argent liquide, l'argent sur les papiers pour le fonctionnement de ses entreprises et dans ses comptes bancaires. Beaucoup des serviteurs pensent qu'il ne faut pas demander l'argent à Dieu.

Jésus dit : *"demander, jusqu'à présent, vous n'avez pas encore demandé"*
Dans ***Aggée 2 : 4-9***, il dit :

*2.4 Maintenant fortifie-toi, **Zorobabel** ! dit l'Éternel. **Fortifie-toi, Josué**, fils de Jotsadak, souverain sacrificateur ! Fortifie-toi, peuple entier du pays ! dit L'Éternel. Et travaillez ! Car je suis avec vous, Dit l'Éternel des armées.*

2.5 Je reste fidèle à l'alliance que j'ai faite avec vous Quand vous sortîtes de l'Égypte, Et mon esprit est au milieu de vous; Ne craignez pas!

2.6 Car ainsi parle l'Éternel des armées: Encore un peu de temps, Et j'ébranlerai les cieux et la terre, La mer et le sec;

*2.7 **J'ébranlerai toutes les nations ; Les trésors de toutes les nations viendront, Et je remplirai de gloire cette maison, Dit l'Éternel des armées.***

*2.8 **L'argent est à moi, et l'or est à moi, Dit l'Éternel des armées.***

*2.9 **La gloire de cette dernière maison sera plus grande Que celle de la première, Dit l'Éternel des armées ; Et c'est dans ce lieu que je donnerai la paix, Dit l'Éternel des armées.***

Dans ces versets, il y a un mot qui est très édifiant et indique ce qui attend le croyant dans sa conquête des biens dans le champ de Dieu : ***"Fortifie-toi, Josué"***. Josué ici c'est toi le croyant. Considère-toi en tant serviteur. Josué est un serviteur qui a grandi aux pieds de Moïse, **un combattant**, **un guerrier**. C'est pour cela qu'il est aussi bon pour le croyant de maîtriser les techniques de prières de guerre offensives et défensives, puis attractives spirituelles bibliques et même des inspirations provenant du vécu quotidien. Vers la fin, comme dans le livre : "Repenser sur le Pain quotidien du peuple de Dieu et de l'Eglise", je vais partager avec le croyant en Christ les nouvelles découvertes et expériences que le Saint Esprit m'a permis de découvrir et de vivre. Mon vœu est de faire comprendre aux lecteurs et aux croyants qu'ils peuvent partir d'un rien et se hisser au sommet de leur art vital par un travail ardu en s'appuyant sur le Saint Esprit. Le croyant en Christ se verra confronter aux serpents et aux scorpions (les occultistes, les opposants à son élévation) qui font aussi la course à l'acquisition des biens matériels et financiers du champ de Dieu ; à la seule différence que les voies empruntées sont différentes.

*2.7 **J'ébranlerai toutes les nations ; Les trésors de toutes les nations viendront, Et je remplirai de gloire cette maison, Dit l'Éternel des armées.***

*2.8 **L'argent est à moi, et l'or est à moi, Dit l'Éternel des armées.***

*2.9 **La gloire de cette dernière maison sera plus grande Que celle de la première, Dit l'Éternel des armées ; Et c'est dans ce lieu que je donnerai la paix, Dit l'Éternel des armées.***

Dans le combat pour la vie que mène le croyant, tous les efforts qu'il fournit sont toujours couronnés par une très grande bénédiction qui est le salaire de ses efforts dans le combat. Cette promesse, les ennemis qui se lèveront contre la gloire de Dieu dans la vie du croyant, sont au courant de cette récompense. Ils ne laissent point tranquille le croyant. C'est un lieu où ils font du mal aux croyants qui s'y aventures à la légère. Mais toi, j'aimerais que tu sois bien armé de toutes les connaissances en tactiques de guerre et d'invocations de la gloire financière de Dieu dans ta vie et comment te protéger pour un succès sans chagrin.

La quatrième dimension négative (la prison spirituelle)

La quatrième dimension négative dans la vie d'un individu humain peut être dû de deux manières :

- a- soit que ce sont les parents géniteurs qui sont les auteurs de la venue de cet esprit dans la vie de leur enfant,
- b- soit que c'est la personne elle-même qui se l'ai procuré par sa volonté.

Les deux esprits qui matérialisent la quatrième dimension dans la vie des êtres humains, n'ont rien en commun. Le premier est une personnalité divine de la sainte trinité, tandis que l'autre est une entité déchue de la gloire de Dieu suite à une rébellion survenue au ciel, dans le royaume du créateur selon la bible. Aujourd'hui ce sont ces entités que l'on appelle communément "le malin".

Voici l'histoire de sa chute :

Esaïe 14 :11-17
14.11 Ta magnificence est descendue dans le séjour des morts, Avec le son de tes luths; Sous toi est une couche de vers, Et les vers sont ta couverture.
14.12 Te voilà tombé du ciel, Astre brillant, fils de l'aurore ! Tu es abattu à terre, Toi, le vainqueur des nations !
14.13 Tu disais en ton cœur : Je monterai au ciel, J'élèverai mon trône au-Dessus des étoiles de Dieu ; Je m'assiérai sur la montagne de l'assemblée, A l'extrémité du septentrion ;
14.14 Je monterai sur le sommet des nues, Je serai semblable au Très Haut.
14.15 Mais tu as été précipité dans le séjour des morts, Dans les profondeurs de la fosse.
14.16 Ceux qui te voient fixent sur toi leurs regards, Ils te considèrent 0 attentivement : Est-ce là cet homme qui faisait trembler la terre, Qui

ébranlait les royaumes,
14.17 Qui réduisait le monde en désert, Qui ravageait les villes, Et ne relâchait point ses prisonniers?

Ce qui caractérise ces esprits, c'est qu'ils sont un monde sans foi ni loi. La primeur de leur monde, est la loi de la jungle : le plus fort mange le plus faible. Le contraire du Saint Esprit où le plus fort amène le plus faible à devenir fort.
Le riche écrase le pauvre, tandis que de l'autre côté, le riche épaule le pauvre à s'élever.

Importance des dimensions

Etant indissociables et indivisibles, les trois dimensions du système vital de l'être humain sont toutes importantes pour le bien-être de l'homme. Malgré ce que certains occultistes et certains serviteurs ont l'habitude de confesser, selon le mensonge que les uns et les autres tirent de leur quatrième dimension, que le corps ne représente aucune importance. Cependant, les hommes oublient que la dimension corporelle est celle qui porte toutes les autres dimensions. Quand bien qu'un être humain ait en lui une quatrième dimension, elles sont toutes portées par la dimension corporelle humaine. Est-ce à dire que la dimension humaine est la plus importante ? Non. La dimension corporelle est celle qui permet de voir qu'un individu est vivant. Elle est celle qui permet d'étudier et de comprendre ce qu'il y a dans la vie d'un individu : c'est la dimension satellite de toutes les autres dimensions du système vital humain. De manière générale, toutes les trois dimensions sont complémentaires. La quatrième dimension n'est là que pour le développement des trois autres dimensions naturelles, leur protection et leur fortification. En général, la quatrième dimension est une dimension de renforcement des capacités individuelle pour une vie de gloire.

Fonctionnement naturel des dimensions vitales du système vie humain

De manière personnelle, il n'y a aucun être vivant humain qui puisse utiliser l'une de ses trois dimensions volontairement pour parvenir à ses fins. Aucun ne peut non pas détacher une de ses dimensions volontairement pour en faire une utilisation particulière. Les différents agissements que les uns et les autres font souvent montre, ne proviennent pas d'un esprit étranger au système vital humain. De tels comportements proviennent du "moi" qui caractérise un individu. Il détermine la personnalité d'un être vivant. C'est ainsi que l'on peut dire de quelqu'un : "il est de caractère...".

L'esprit humain est la seule dimension humaine qui peut se détacher librement des autres dimensions. Ce détachement ne dépend pas de l'individu humain ; elle a été conçue ainsi par le Créateur. L'individu humain ne peut non pas empêcher ce détachement. Ce détachement est très important pour l'être humain. Les détachements de l'esprit humain permettent à l'être humain de connaître ce qui se passe autour de lui ; même si la personne ne voit ces faits de ses yeux. C'est une dimension d'informations. L'esprit humain est capable de fournir des informations sur des faits qui se produisent à des kilomètres d'où vit quelqu'un. L'esprit humain peut également fournir des informations sur l'avenir de certains faits et par la même occasion faire des mises en garde. Pendant certains évènements brusques ou certaines nouvelles pas commodes parviennent à une personne, les soubresauts de cœur que l'on éprouve à ce moment-là, sont l'œuvre des réactions de l'esprit. Centaines personnes éprouvent souvent la phobie sur certains évènements ; elles vont jusqu'à ne pas pouvoir les regarder. Tous ces comportements proviennent de l'incapacité de l'âme à supporter le poids moral de ces évènements. Ce sont de pareilles personnes qui se réveillent souvent en sursaut après un cauchemar. Si la personne se réveille le corps couvert de grosses goûtes de sueurs, c'est que son âme est malade.

En général, le corps ne reflète que ce que l'esprit tire de l'âme. C'est pour cela qu'il est toujours nécessaire de veiller sur les effets de croissance des enfants. Il y a certaines maladies qui se développent dans le système de vie des enfants sans que les parents s'en rendent comptent très tôt. Au moment où l'enfant devient adulte, et qu'il faille combattre le mal, les parents deviennent incapables.

La Quatrième dimension ou le Renforcement des Capacités

La quatrième dimension est par excellence la dimension des exploits. En tant que chercheur dans le domaine spirituel du salut et de l'épanouissement des âmes, la quatrième dimension est celle qui permet à un être humain de s'élever au-delà de ses capacités naturelles. Lorsque les hommes et les femmes ont l'habitude de me poser des questions sur l'existence de Dieu, de ses faits et des esprits, je leur pose souvent la question suivante : qu'est-ce que vous, vous appelez "esprit" en dehors de Dieu ? étant incapable de répondre, et moi par soucis d'essayer de les sortir de l'ignorance, je suis souvent contraint de leur donner des réponses qui ne semblent pas les convaincre ou les satisfaire à cause de leur ignorance sur la parole d'esprit.

Un jour, étant embarrassé sur la vérité que je devais déclarer à un croyant de Dieu, et sachant qu'il vit sa foi auprès d'un serviteur qui pratique le culte des anges, il a fallu que je lui dise que ma formation s'est complétée étant sur les bancs d'études ;

et la suite se fait et continue sur le terrain. Tellement qu'il se permettait de détruire son entreprise en faisant des dons excessifs à l'église, je lui ai dit que ce n'est pas ainsi qu'il va s'en sortir ; au contraire il détruit son entreprise. D'ailleurs là où tu vis ta foi, le serviteur pratique le culte des anges. Et pour vérifier mes dires, pendant un culte, compte le nombre de fois que le serviteur de Dieu prononce le nom " Saint Esprit". Or, c'est ce Saint Esprit qui doit être auprès de toi pour renforcer tes capacités financières. Si tu continues ainsi, tu vas faire faillite.

Dans cette rubrique, je ne vais que parler de ce que j'ai vécu et de ce que je vis. Lorsque le Saint Esprit vient dans la vie de quelqu'un, la personne se voit ses capacités se multiplier au centuple. Tout ce qu'il a augmenté en force et en nombre. La première chose que le Saint Esprit fait est d'assurer une protection à son ami, à ses biens et à tous ceux qui lui sont chers, surtout ses enfants et son époux ou son épouse. Dans les entreprises et autres, la personne vit une croissance dans ses entreprises. Tout ce qui es gênant est émondé et laisse la place à la nouveauté. La capacité de réflexion augmente, on la compréhension sur plusieurs sujets et le raisonnement change. La joie envahit le cœur. La personne ne s'intéresse plus aux futilités, il se consacre plus à l'utile et au nécessaire. Le calme et l'assurance que vit sa conscience lui permet de mieux reconsidérer sa vie. Il peut entreprendre et réussir. Il peut envisager des projets, élaborer les objectifs et les atteindre. Sans nuire à autrui. Pour la dimension négative, l'élévation est aussi vécue dans plusieurs domaines de la vie. Cependant, elle se fait sur un gouffre. L'élévation que fait montre la personne est faite sous des conditions pas commodes. Ces personnes sont tellement discrètes. Elles ne souhaitent pas communiquer. C'est un monde de conservation de secrets. S'il advient que l'un de leur secret est dévoilé, la personne concernée peut décéder. La bible parle de faire passer au feu les richesses de ce monde. Cette phrase renvoie à des faits qui se vivent de la manière suivante : dès que la personne décède, tous ses biens disparaissent petit à petit. Les enfants ne profitent de rien comme héritage laissé par les parents. Parfois ce sont les maisons qui deviennent inhabitées à cause des choses bizarres qui s'y produisent à l'intérieur.

Le Culte des Anges

Les anges sont des entités créées par Dieu, ils peuvent prendre la forme d'un être humain pour tromper ceux qu'il va rencontrer. Ils peuvent se greffer à la conscience humaine et le prendre prisonnière : c'est la possession. C'est ce qui se passe pour ceux qui acceptent de se soumettre à leurs exigences pour des services sollicités auprès d'eux. Contrairement au Saint Esprit qui laisse la conscience humaine intacte. Le culte qui leur est dévoué permet à l'être humain de renforcer ses capacités spirituelles qui vont de l'âme à la chair corporelle physique de l'homme. Cependant, puisque n'étant pas recommandé par Dieu, ils ne sont que pour certains ministères spéciaux auprès de l'homme. Leur impacte reste limité pour certains désirs de l'homme. Les anges peuvent produire les arrhes d'une libération, mais ne peuvent pas produire les rudiments de la délivrance ni du salut. Avec les anges, l'homme est tenu d'observer la bonne conscience par souci du regard des tierces personnes et de la personnalité du "moi" réfléchi.

Les anges saints sont ceux qui sont restés fidèles à Dieu, par conséquent, peuvent venir en aide aux hommes. Ce sont des compagnons de service dans le service cultuel de Dieu en Christ selon la bible (livre d'Apocalypse). Cependant leur ministère est inférieur à celui du Saint Esprit donné par Christ. Les anges sont de deux catégories : les Saints Anges et les Anges démons.

Les Anges Saints

Selon la bible, les saints anges sont ceux qui sont restés fidèles à l'Eternel Dieu tout puissant. Ils sont les assistants des humains dans tous ce que font ceux-ci. Les ressentir auprès de soi nécessite une formation et une initiation auprès du Saint Esprit et des initiés. La meilleure formation demeure celle qui se fait par le Saint Esprit. La manifestation des Saints Anges auprès d'humains est très délicate. Si l'on ne prête vraiment une attention particulière, l'on peut se retrouver envahi par les anges déchus de la gloire de Dieu qui sont finalement appelés les démons.

Les Anges déchus ou démons

Selon la bible, ce sont des entités déchus de la gloire de Dieu après une rébellion mené par Lucifer qui fut le chef louangeur de Dieu. Comme les Anges restés fidèle à l'Eternel Dieu, ils sont multiples et œuvrent pour l'expansion des œuvres lucifériennes. La pensée humaine veut faire croire aux hommes que ce sont les anges lucifériens qui sont plus nombreux et plus près des hommes. Et tant que les hommes ne s'attèleront pas aux œuvres spirituelles selon la volonté du créateur, ils se feront toujours tromper et amené vers des pensées de perdition.
Par expérience, j'ai toujours eu à dire aux personnes qui viennent vers moi pour entendre les paroles de salut qu'il ne faut jamais se cantonner sur la grâce. La grâce est donnée à chaque individu qui a le souffle de vie. Je prends toujours pour exemple, un chien "A" qui va manger dans un bac à ordures. Il le fait parce qu'il a trouvé une nourriture appétissante qui satisfasse à ses attentes nutritionnelles : c'est sa grâce. Pour un autre chien "B" qui passe également par-là, ne pourra pas s'arrêter parce

qu'il n'a pas trouvé son compte. Est-ce pour autant qu'il n'est pas sous la grâce ? bien sûr que si. Cependant, la grâce qui le couvre ne lui a pas permis de trouver son compte. C'est pour cela que les hommes diront que tout est grâce. Quand Jésus arrive, il parle de : *si vous voyez **la gloire** que j'avais auprès du Père avant de venir parmi vous, vous croirez sans discuter.* Pour éviter de tomber continuellement dans le piège des anges qu'on ne connait les origines, il est préférable de chercher le Saint Esprit par ses arrhes qui sont dans la parole biblique.

Réception et Utilisation de la quatrième dimension

Le Saint Esprit

Le Saint Esprit, comme le déclare Jésus est l'Esprit de son père donné à tous pour la gloire de Dieu. Il est le don de Dieu pour exercer tout genre de ministère auprès des hommes dans l'espèce de l'Eglise du Christ. Pour un individu en tant qu'être humain, il est son avocat, celui qui vient au secours de tous ceux qui croient en Dieu par le biais de Jésus. Il vit en l'homme, et accroit sa capacité d'action en fonction de la connaissance et de l'application de la parole, des prières spécifiques et du degré de la foi. Son degré de présence par son onction dépend aussi beaucoup de Dieu. Sa manifestation dépend donc surtout de l'Eternel Dieu, Yawhé le père de Jésus. L'utilisation du Saint Esprit répond à plusieurs caractères que le croyant est amené à connaître et à respecter. C'est une entité qui a vie. *N'attristez pas le Saint Esprit sans lequel vous avez été scellé pour le jour de l'avènement du Seigneur Jésus.* N'attristez pas : ce qui signifie que le Saint Esprit éprouve des sentiments, par conséquent, il peut réagir.

Comment recevoir le Saint Esprit dans sa vie ?

Il n'y a pas de concours spécial pour le recevoir dans sa vie. Il ne se monnaye non pas. Il ne se manifeste pas par un coup de claquement de doigt. Il se reçoit par :

L'Accomplissement de la promesse garantie

Actes des Apôtres 2 : 16b-21
   Mais c'est ici ce qui a été dit par le prophète Joël :
2.17 Dans les derniers jours, dit Dieu, je répandrai de mon Esprit sur toute chair ; Vos fils et vos filles prophétiseront, Vos jeunes gens auront des Visions, Et Vos vieillards auront des songes.
2.18 Oui, sur mes serviteurs et sur mes servantes, Dans ces jours-là, je

répandrai de mon Esprit; et ils prophétiseront.

*2.19 Je ferai paraître des prodiges en haut dans le ciel et des miracles en bas
Sur la terre, Du sang, du feu, et une vapeur de fumée ;*

*2.20 Le soleil se changera en ténèbres, Et la lune en sang, Avant l'arrivée du
jour du Seigneur, De ce jour grand et glorieux.*

*2.21 **Alors quiconque invoquera le nom du Seigneur sera sauvé.***

Le verset 21 peut aussi se lire de la manière suivante : alors que quiconque invoquera le Saint Esprit verra ses entreprises sauvées de la faillite.

Accomplissement de la promesse

Actes 2 : 37-40

*2.37 Après avoir entendu ce discours, ils eurent le cœur vivement touché, et ils
dirent à Pierre et aux autres apôtres: Hommes frères, que ferons-nous?*

*2.38 Pierre leur dit: **Repentez-vous**, et que chacun de vous soit **baptisé au nom
de Jésus Christ**, pour le pardon de vos péchés; et vous recevrez **le don** du
Saint Esprit.*

*2.39 Car la **promesse** est pour **vous**, pour vos **enfants**, et pour tous ceux qui sont
au **loin**, en aussi **grand nombre que le Seigneur notre Dieu les appellera**.*

*2.40 Et, par plusieurs autres paroles, il les conjurait et les exhortait, disant:
sauvez-vous de cette génération perverse.*

Repentez-vous

Tout premier acte pour que l'accès au Saint Esprit soit possible. Elle n'est pas facile, mais pas impossible. Je peux même dire avec certitude que c'est cet acte qui conditionne le reste de la vie d'un être humain dans la vie de réussite qu'offre le Saint Esprit. Lorsqu'elle est amorcée, la personne présente un renforcement spirituel inégalable dans sa vie. La repentance ne se fait pas en un jour. Mais la décision se prend en une fraction de seconde. Comme le déclare l'Apôtre Paul : *il n'a pas eu à consulter la chair ni le sang pour le faire.* La consultation du sang et de la chair veut dire : l'Apôtre n'a pas eu à aller consulter ses parents géniteurs ni les membres de la caste des pharisiens pour laquelle il travaillait avant sa conversion dans la foi en Jésus.

La repentance est une prise d'engagement personnel d'abandon de l'ancienne vie pour une nouvelle avec le nouvel esprit : le Saint Esprit. Le nouveau maître spirituel est donc le Saint Esprit. C'est lui qui se manifeste par le feu de réussite et de succès. Lorsque l'Eternel Dieu a déjà donné son aval pour une personne de recevoir le Saint Esprit Jésus ne peut dire non. La non repentance ne peut apporter le Saint Esprit dans la vie d'une personne. Si quelqu'un croit recevoir le Saint Esprit sans une repentance réelle et sincère, il se trompe. Ce qui a l'habitude de se passer quand la repentance n'est pas réelle, est que : soit c'est un ange saint qui se manifeste, soit un ange déchu qui se présente. Même si à l'apparence spirituelle des miracles qui sont produits émerveillent le monde, ces miracles ne sont pas à amener les hommes et les femmes à recevoir le salut. Ce qui est contraire aux effets du Saint Esprit dans la vie des hommes et des femmes. Le Saint Esprit donne me manière éternelle, avec la possibilité d'une succession dans les entreprises après le départ du prédécesseur de la direction de l'entreprise. C'est un esprit qui assure la succession dans les entreprises dont on l'associe.

Et que chacun de vous soit baptisé au nom de Jésus Christ, pour le pardon de vos péchés

Des enseignements héronnés courent énormément sur le baptême par les conditions que certains serviteurs enseignent souvent. Le baptême au nom de Jésus est très complexe. Jésus est la vérité. Tout ce que l'on veut faire en lui, nécessite une vérité à l'optimum sans déviation et sans réserve. Beaucoup sont allés vers Jean Baptiste pour se faire baptiser par lui. En retour, il leur a dit : *race de vipère, qui vous a appris à fuir la colère à venir* ? Ce qui veut dire que le baptême accepté par Jésus consiste à faire un changement radical de camp, et que par la repentance, l'on soit capable de produire les fruits de la vie que donne Jésus. Jean la connaissait déjà, cette vie. Lui-même la vivait déjà en son esprit et en son âme. Et que chacun de vous soit baptisé au nom de Jésus, pour le pardon des péchés. Le baptême va donc de pair avec la repentance. Il n'est donc pas conseillé de se faire baptisé tant que la repentance n'est pas encore avancée dans la foi en Jésus, autrement, l'entourage vivra les bienfaits de la repentance pendant que l'on sera en train de se ronger les ongles à cause de la colère qui brulera l'intérieur de sa propre personnalité. Ce qui veut dire qu'une personne mal repentie et baptisée risque de devenir un objet de bénédiction pour les autres pendant que lui-même ne vit pas les biens faits de sa repentance.

Pour le pardon de vos péchés ; et vous recevrez le don du Saint Esprit

Comme son nom l'indique, c'est un esprit saint, par conséquent, il travaille dans la propreté selon les recommandations de l'évangile prêché par Jésus. Toujours Jean Baptiste dans les évangiles de Luc : *toute colline sera abaissée, les vallées seront comblées et les voies tortueuses redressées.* Les collines, les vallées, les voies tortueuses sont les pêchés qui tiennent captif l'être humain. Ces péchés peuvent être dus par soi, ils peuvent être héréditaires ou transgénitales. Toutes ces choses doivent disparaître de la vie de celui ou celle qui veut opérer avec le Saint Esprit. Une fois que ces épreuves sont bravées par le croyant, les arrhes de recevoir le Saint Esprit se mettent en place dans la vie du croyant.

Le don du Saint Esprit que l'on reçoit est en fait la manifestation du Saint Esprit par un cadeau spécial qui permet à celui qui l'a reçu de passer des simples exploits à ceux qui comportent la marque spéciale de l'Eternel Dieu Yahwé.

Utilisation du Saint Esprit en tant que quatrième dimension

De toutes les expériences faites dans ma vie depuis j'ai connu qui est Jésus, et ai reçu le Saint Esprit dans ma vie, je n'ai pas encore rencontré un autre esprit qui soit aussi compétant que lui. Pendant ma croissance dans la manifestation des œuvres du Saint Esprit dans ma vie ou dans la vie des croyants, malgré que je me tapais la poitrine de faire l'œuvre de Dieu, le Saint Esprit répondait toujours à mes attentes et à celles des croyants en Dieu par Jésus. Le jour où j'ai reconnu que ce n'est pas moi qui fais l'œuvre de Dieu, et que c'est Dieu qui m'utilise pour son œuvre, les réalisations du Saint Esprit dans ma vie se sont vues multipliées au-delà de mes compétences anciennes.

Un jour, en relisant les évangiles de Jean, dans son premier chapitre, selon qu'il est écrit :

Jean 1
1.1 Au commencement était la Parole, et la Parole était avec Dieu, et la Parole était Dieu.
1.2 Elle était au commencement avec Dieu.
*1.3 **Toutes choses ont été faites par elle, et rien de ce qui a été fait n'a été fait sans elle.***

Ces versets m'ont fait comprendre que tout ce qui existe dans le monde comporte la marque de la griffe de Jésus. je peux donc faire qu'étant dans mon pays, je peux solliciter ce qui se trouve ailleurs et le recevoir étant chez moi dans mon pays, sans avoir besoin de me déplacer ou voyager pour le recevoir. Seul le Saint Esprit est capable de le faire. Le déblocage des situations personnelles et des tierces personnes, sont accomplies par le Saint Esprit entre mes mains. Donc, je ne suis qu'un instrument pour les réalisations de cette entité spirituelle de la sainte trinité. La repentance consiste donc à mourir dans le Seigneur Jésus et renaître également en lui tout en portant sa semence : le Saint Esprit. La présence de la dimension Saint

Esprit dans la vie de quelqu'un n'est pas une possession, car le Saint Esprit n'impose pas des conditions aux croyants. Il peut parfois laisser la personne de prendre certaines initiatives, car la conscience de l'homme doit être libre et conséquent de ses propres décisions. La présence du Saint Esprit dans la vie d'un individu humain est donc une relation de collaboration et d'entente. Le Saint Esprit connait parfaitement l'être humain, et c'est l'être humain qui doit apprendre à connaître le Sain Esprit pour une bonne collaboration. Le jour où la personne reconnait le Saint Esprit en tant que son ami, alors les périodes des grands scores prennent corps dans la vie de cette personne.

Le Saint Esprit est jaloux et ne peut permettre que son ami soit provoqué ou être piétiné par un ennemi de la vérité ou de la lumière divine de l'Eternel Dieu Yahwé. Le Saint Esprit protège son ami. Le Saint Esprit instruit son ami. Le Saint Esprit nourrit son ami. Le Saint Esprit élève son ami socialement et financièrement. Le Saint Esprit donne la santé à son ami : il se met à l'écoute du battement du cœur de son ami. Le Saint Esprit veille sur la santé nerveuse de son ami, à la santé osseuse de son ami. Le Saint esprit règle et équilibre la santé clinique et spirituelle de son ami. Saint Esprit fait tout pour son ami. Le Saint Esprit ne s'impose pas, il est capable d'amener son ami à être performant dans son environnement de vie et professionnel. La seule chose que le Saint Esprit veut de son ami, c'est de bien le connaître pour une collaboration accrue et un travail en harmonie. Avec le Saint Esprit, le mérite est de rigueur. Une fois que l'harmonie s'installe entre le Saint Esprit et son ami, alors il prend donc le rôle de consolateur et d'avocat auprès de son ami. Le Saint Esprit ne triche pas, il donne au mérite : c'est l'avocat parfait auprès des hommes et des femmes qui croient en Dieu par Christ.

Les Mérites de la dimension Saint Esprit

La vérité sur le Saint Esprit est que, l'on ne peut le retenir prisonnier. C'est une dimension qui se comporte comme Dieu lui-même. Ne pouvant être retenu, il rend également ses amis insaisissables (*instoppable*). C'est pour cela que Jésus peut déclarer avec certitude à Nicodème : ***Jean 3 : 3.8*** *Le vent souffle où il veut, et tu en entends le bruit ; mais tu ne sais d'où il vient, ni où il va. Il en est ainsi de tout homme qui est né de l'Esprit.*

➢ Le Saint Esprit est l'esprit du possible lorsque les hommes déclarent que c'est impossible.

➢ Le Saint Esprit rend quelqu'un invulnérable et également inarrêtable dans la course pour la vie.

Les hommes ont l'habitude de prétendre que chaque personne est nantie du Saint Esprit. Être nanti du Saint Esprit nécessite d'abord un attachement à Jésus. Jésus est celui qui baptise et donne aux hommes et aux femmes qui croient en lui le Saint Esprit. Quand bien que celui qui reçoit le Saint Esprit dans sa vie désire que la puissance du Saint Esprit augmente en lui, il ne peut le faire de son propre gré ; il y aura toujours Jésus sur son chemin d'édification et d'élévation. La dimension Saint Esprit ne dépend donc pas d'une personne, mais de Jésus. Etre hors de Jésus et dire qu'on a le Saint Esprit en soi est impossible. Ce qui se passe toujours pour les personnes clairvoyantes, ce sont les manifestations des anges gardiens. C'est par ces anges gardiens que sont transmis beaucoup d'informations aux hommes et aux femmes. Mais le Saint Esprit va au de-là.

Luc 8

8.43 Or, il y avait une femme atteinte d'une perte de sang depuis douze ans, et qui avait dépensé tout son bien pour les médecins, sans qu'aucun ait pu la guérir.

8.44 Elle s'approcha par derrière, et toucha le bord du vêtement de Jésus. Au Même instant la perte de sang s'arrêta.

8.45 Et Jésus dit: Qui m'a touché? Comme tous s'en défendaient, Pierre et ceux Qui étaient avec lui dirent : Maître, la foule t'entoure et te presse, et tu dis: Qui m'a touché ?

8.46 Mais Jésus répondit: Quelqu'un m'a touché, car j'ai connu qu'une force était sortie de moi.

8.47 La femme, se voyant découverte, vint toute tremblante se jeter à ses pieds, et déclara devant tout le peuple pourquoi elle l'avait touché, et comment elle avait été guérie à l'instant.

8.48 Jésus lui dit: Ma fille, ta foi t'a sauvée; va en paix.

➢ Le Saint Esprit permet à ses amis d'ouvrir le ciel : ***Jean 11.51*** *Et il lui dit: En vérité, en vérité, vous verrez désormais le ciel ouvert et les anges de Dieu monter et descendre sur le Fils de l'homme.*

➢ Le Saint Esprit sauve et ressuscite : ***Luc 8*** : *8.50 Mais Jésus, ayant entendu cela, dit au chef de la synagogue: Ne crains pas, crois seulement, et elle sera sauvée.*

8.51 Lorsqu'il fut arrivé à la maison, il ne permit à personne d'entrer avec lui, si ce n'est à Pierre, à Jean et à Jacques, et au père et à la mère de l'enfant.

8.52 Tous pleuraient et se lamentaient sur elle. Alors Jésus dit : Ne pleurez pas ; elle n'est pas morte, mais elle dort.

8.53 Et ils se moquaient de lui, sachant qu'elle était morte.

8.54 Mais il la saisit par la main, et dit d'une voix forte : Enfant, lève-toi

.

Dans le langage mondain des hommes, l'on a l'habitude de dire que *"l'on ne peut soigner la mort"* ; mais dans cet épisode biblique, Jésus montre que le Saint Esprit peut soigner la mort et il est le remède contre la mort.

En somme, toute personne : homme, femme, quel que soit l'âge, si l'on est l'ami particulier du Saint Esprit, on est capable des exploits naturels et surnaturels. Grâce à cette dimension glorieuse de l'Eternel Dieu tout puissant Yahwé, le père de Jésus, les exploits allant au de-là de la compréhension humaine sont le partage de celui qui fait de lui son ami.

Le degré de foi

Les opérations du Saint Esprit dépendent également du degré de foi et du piédestal dans lequel se trouve son ami. Avec le Saint Esprit, il faut toujours être prêt (les fondements de la foi sont toujours disponibles).

Les consciences dans le développement de la foi

La conscience forte

La conscience forte est celle qui ne cède pas facilement aux idées contraires aux convictions personnelles d'un individu. La conscience forte peut être orientée dans le sens positif ou dans le sens négatif. Ce sont des personnes à conscience forte que le Saint Esprit moule facilement. L'orientation importe peu quand il s'agit du domaine spirituel de la quatrième dimension Saint Esprit. Quand ces personnes croient en Jésus, elles sont difficilement déracinables ; par fois, il est même impossible de les déraciner.

La conscience faible

C'est la conscience qui est facilement déracinable. Les personnes qui la manifestent ont des comportements instables dans les décisions. Aujourd'hui oui, demain c'est le non sur un même problème. Ce sont des personnes qui peuvent facilement monter et tomber aussi vite qu'elles sont nommées. Des personnes ayant une conscience faible prennent souvent assez de temps pour comprendre les désirs du Saint Esprit.

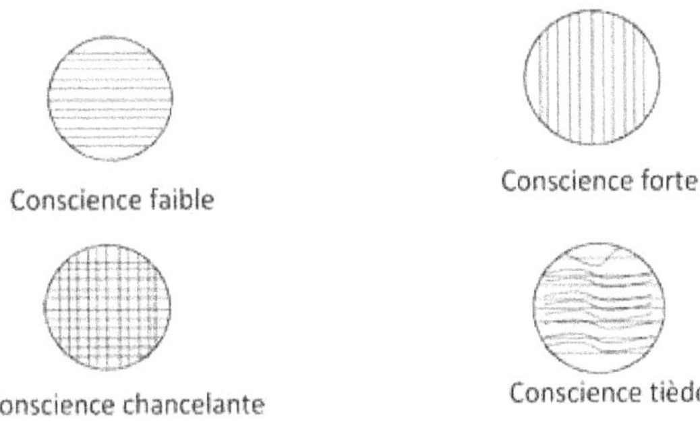

La conscience chancelante

C'est celle qui est instable, des personnes qui manifestent cette conscience n'accèdent jamais à des postes importants dans la société ; même le Saint Esprit éprouve aussi des difficultés à les stabiliser. Des personnes pareilles nécessitent toujours un travail assez profond et prend aussi du temps.

La conscience tiède

Elle n'est même pas à souhaiter pour une personne. Celles-ci sont toujours rejetées par le Saint Esprit.

Ces quatre consciences représentent les quatre églises dont parle le livre de l'Apocalypse de Jean.

Les Anges

Très longtemps considérés comme des entités puissantes par les hommes à cause de l'ignorance, les hommes les ont présentés comme des dieux. Ils sont ceux qui gouvernent le plus les consciences des hommes et sont partout à l'affut des faibles et des désespérés ignorants de la vérité qu'il y a dans la parole puissante de l'Eternel Dieu. Comme je l'ai dit haut, ce sont des entités spirituelles qui se présentent sous deux règnes : celui de Jésus et celui qui résulte de Satan appelés les anges lucifériens.

Ceux qui sont sous l'autorité de Jésus n'agissent que sous ses ordres et sont là pour rendre des ministères spéciaux auprès des hommes. Cette catégorie ne nous préoccupe pas tellement car ceux-ci ne peuvent influencer l'être humain ou la nature de leur propre gré. Cependant, ceux qui ont renié le règne de l'Eternel Dieu et qui se sont alliés à Lucifer et sont par cette cause devenus des rebelles appelés : démons ou esprit malin. Ils sont eux qui feront beaucoup notre attention, à cause de leur mode opératoire dans la vie et les consciences des hommes, des femmes et voire des enfants. Ils sont très possessifs et influencent tellement le monde et la nature. A cause de ce qu'est devenue la nature humaine depuis la chute dans le jardin d'Eden selon la bible, les hommes leur donnent plus de crédit qu'au créateur.

Les anges déchus

Les anges déchus sont des entités spirituelles qui se sont désolidarisés des réalités d'amour de l'Eternel Dieu selon la bible dans le livre d'Apocalypse. Esaïe en parle aussi un peu. Au vu de ce qui se passe dans la société, ils sont ceux qui causent plus de mal dans le milieu humain. Ils sont difficiles à être confessés de la bouche de ceux qui les utilisent comme moyen de parvenir à leur fin. Scientifiquement, ils sont interprétés comme des catalyseurs du développement. Spirituellement, ils sont vus comme les destructeurs de la race humaine : point de salut pour ceux qui les abritent en eux. Les anges déchus sont des entités corrompues et peuvent à tout moment changer de comportement. Spirituellement, quel que soit la forme ou le nom qui les identifie, ils sont des êtres à la forme bestiale de serpent. Ces propos sont vérifiés dans le livre de Genèse et dans le livre d'Apocalypse. Ce qui signifie que ceux qui acceptent les avoir comme quatrième dimension, même si l'on les voit de morphologie humaine, avec les yeux spirituels, ils sont des serpents. Dans leur déplacement, ils trainent derrière eux une queue. Bien habillé en veste, costume et cravate, ils trainent toujours une queue après eux. Cette queue est le signe de leur appartenance à Satan. Un ange, aussi longtemps qu'il reste soumis à la gloire divine de Dieu son créateur, il n'aura jamais de queue. Une fois qu'il se révolte contre Dieu son créateur, et comme il n'y a pas de neutralité dans le domaine spirituel, cet ange tombe forcement dans le camp de Satan. Satan étant toujours à la quête du pouvoir, de plus de membres et de la puissance autoritaire pour ses opérations, il se voit obligé de les accueillir à bras ouverts. On le baptise, puis comme nouveau signe d'appartenance, il est   transformé en une nouvelle créature en lui attribuant une queue. Pour s'en servir de cette quatrième dimension, il faut obligatoirement qu'elle soit incarnée de façon intérieure dans la personne (une possession). Comme dans le cas du Saint Esprit, il nécessite aussi une formation adéquate. En général, cette entité se transmet de parents aux enfants. On peut également l'invoquer par des procédés qui sont propres aux adeptes du monde occulte et des sociétés secrètes. Les anges déchus sont tellement possessifs et ne tolèrent pas qu'ils soient désobéis, selon les recommandations de leur hiérarchie.

Lorsque quelqu'un est nanti de cette quatrième dimension, il peut opérer en tout lieu et à tout moment. La seule difficulté qu'ils éprouvent souvent, c'est lorsqu'ils rencontrent un fervent croyant en Jésus et rempli du Saint Esprit. Ce qui veut dire que ceux qui sont en Christ Jésus, sont les seuls à être hors de leur portée. C'est pour cela qu'ils sont toujours obligés d'opérer en groupe pour plus d'efficacité dans leurs actions. Comme ceux qui sont nantis du Saint Esprit prient avant toute opération, les dimentinonaires de la quatrième dimension par les anges déchus procèdent aussi de la même manière. La différence avec ceux du Saint Esprit est que : ceux des anges déchus, les anges qui les possèdent épousent la physionomie faciale de leur hôte ; et lorsqu'il s'agit d'opérer, c'est la face de leur hôte qui est vue dans toute leurs actions. C'est pour cela que l'on peut facilement dire que j'ai vu "un tel" dans mes songes. Leur temps idéal est la nuit. Ils commencent leur journée à 15h et la termine à 6h du matin ; minuit représentant l'apothéose de leur action. Physiquement, il est impossible pour les adeptes de la quatrième dimension des anges déchus de s'y présenter sous l'apparence de l'enveloppe corporel ; sauf par autorisation spéciale et pour des missions spéciales et également pour ceux qui ont déjà eu une évolution assez considérable en grade dans le domaine des actes occultes. Je disais tantôt que les personnes adeptes de la quatrième dimension des anges déchus avaient la capacité de faire tout ce qu'ils veulent avec cette dimension. Ainsi, ils peuvent influencer les recrutements en leur faveur par le truchement de ces esprits. Les résultats des concours, les attributions des marchés, l'enrichissement par les sacrifices humains, la déstabilisation des zones géographiques, les récoltes agricoles. Ils sont également capables de changer les cours des temps et des saisons. Un jour, pendant qu'un jeune homme faisait son témoignage, il déclara comment ils détournaient les étoiles (les bénédictions) des uns et des autres. En effet, dans le monde occulte, leur société secrète avait conçu une méthode satellitaire de contrôle des vies des gens de leur village. Ils avaient planté et consacré un cocotier dans le monde occulte pour voir les biens faits de Dieu dans la vie des enfants du village.

Pendant les examens officiels d'obtention des diplômes, la communauté occulte de ce village examinait les enfants potentiels de passer leurs examens. Et, dans leur société secrète, ils détournaient la réussite, la vendait au plus offrant, et c'est celui-là qui, soit il obtenait le diplôme ou encore que ce soit celui qui achetait qui partait réussir dans ses entreprises s'il était un entrepreneur. En fait, quiconque achetait voyait une prospérité manifeste dans son secteur d'activité. C'est pour cela que parfois certaines personnes sont nanties des diplômes d'études supérieures mais ne reflètent pas le niveau de ces diplômes quand il s'agit d'exercer leur emploi au quotidien.

Les modes opératoires de la quatrième dimension "anges déchus"

Le monde de la quatrième dimension "anges déchus" est un espace où l'amour du genre humain a foutu le camp. C'est un monde où les plus forts écrasent les plus faibles et les ignorants. C'est un monde de sacrifice à la dimension de l'élévation sollicitée. Plus l'on demande, plus l'on est amené à pourvoir de grands et très grands sacrifices en qualité et en quantité. Comme pour dire, rien n'est gratuit, tout est payant moyennant de sacrifices des âmes. Tout ce que l'on reçoit en utilisant cette dimension ne se négocie pas par l'argent, mais par des sacrifices des êtres vivants. Les êtres vivants peuvent être des êtres humains ou des bêtes facilement utilisables dans ledit domaine de la dimension.

Les groupes

Les êtres humains et les animaux sont regroupés selon la qualification des anges déchus qu'ils ont reçus après leur initiation. Les groupes sont donc formés selon les modes opératoires.
Il y a :
les éclaireurs,
les confirmatifs des missions,
et les opérationnels.

• Les éclaireurs

Ce sont des personnes ou des animaux qui jouent le rôle d'agents de renseignements auprès des personnes déclarées être des proies potentielles. Ils ont pour rôle d'étudier le terrain des opérations et les habitudes des proies cibles. Les proies ne sont pas forcément des êtres humains ou des animaux vivants, mais tout ce qui peut faire l'objet de destruction, pourvu que les consciences soient affectés par des chagrins et des remords. Les éclaireurs sont également ceux qui suggèrent quel mode opératoire qu'il faut pratiquer et sur quel objet ou personne il l'appliquer.

- **Les confirmatifs des missions**

Ce sont des agents occultes opérants par le biais de la quatrième dimension. Ils ont pour rôle de se rassurer de l'évidence des rapports émis par les éclaireurs au sujet de leur mission. Ils ont également pour rôle de s'assurer que les opérations dans les endroits ciblés et sur des éventuelles proies connaissent du succès. Pour ce faire, ils sont ceux qui vont tracer les voies à emprunter, les moyens de contrôle du sujet ou de l'objet à attaquer. Si c'est une personne, ils prendront soin d'étudier les points faibles qui sont les endroits par où il faut attaquer et atteindre la cible. Si c'est un édifice, ils vont constater puis étudier les failles qu'il y a dans les constructions avant de lancer l'assaut fatal. Ces observations et études vont prendre le temps qu'il faut pour une bonne appréhension des faits et gestes de la cible vivante ou de l'édifice. Satan ne lâche jamais facilement prise ; c'est pour cela qu'il n'est pas bon pour un être humain d'avoir un seul comportement. Il faut parfois être chaud de caractère après que les gens soient déjà habitués à un caractère doux. Pour les édifices et maisons, il faut respecter les normes techniques de sécurité de construction en fonction de la taille de l'édifice.

Un jour, pendant mon jeune âge de vingt-cinq ans, je suis allé passer un séjour chez la maman de ma première fille. Vers le milieu de la nuit quand tout semble tranquille, je me suis mis à suivre le bruit des termites qui rongeaient le bois de la charpente de la maison. Le matin, au réveil, je me suis mis à raconter cela à la maman de ma première fille. Elle m'a répondu que ce sont les occultistes du village qui ont prophétisé que la toiture de cette maison ne mettra pas long. Après examen de la qualité du bois et des tôles utilisés pour faire la toiture, je leur ai dit que s'il y a occultisme sur cette toiture, c'est vous-mêmes qui êtes la cause. Le bois utilisé est favorable aux attaques des termites, les tôles sont de qualité peu rassurante, et de plus, les arbres tout autour de la maison devraient être abattus afin de préserver les tôles des chutes des fruits de ces arbres. Autant de choses qu'il fallait régler avant d'implanter la maison. Toutes ces choses ont favorisé les pratiques occultes contre votre maison. Ces failles et faiblesses trouvées par l'ennemi ont favorisé ses attaques et accélérées la dégradation de la maison.

Un autre fait vécu où la victime a été bien étudié dans ses déplacements. Là où sont localisées mes entreprises, il y a une dame, secrétaire de profession, elle s'est vue subitement devenir agent responsable de la logiste des véhicules. Elle faisait déjà cumule de deux fonctions : le secrétariat et le mouvement des véhicules et déplacements des chauffeurs. Après, le représentant résident proposa de faire de cette occupation au poste de travail. Il nomma un responsable officiellement, puis le transfert des dossiers commença. La dame se voyant sevré d'une telle manne, entreprise de faire obstacle au transfert des responsabilités. Le combat commença entre elle et le monsieur qui fut nommé. Etant au courant de la situation par les révélations du Saint Esprit, chacune et chacun qui était du camp de la dame venait me mettre en garde de ne pas m'y mêler. Le monsieur de son côté était seul ; se déplaçant sur une moto de fabrication chinoise, il n'allait jamais à plus de quarante à l'heure. C'est sur cette façon de conduire que l'on le piégea.

En effet, pendant ses déplacements d'aller et venir de chez lui pour son lieu de travail ; et du lieu du travail pour sa maison, il roulait toujours à une vitesse inférieure à cinquante à l'heure. Bien serré du côté droit de la route, afin d'éviter les voitures. Faisant son bon chemin en toute sérénité en rentrant chez lui après une dure journée de travail, il fut poignardé au dos, puis au niveau des côtes à plusieurs reprises par deux individus sortis de nulle part et aussitôt le forfait commis, ils ont disparu. Pendant que nous nous rendions à son domicile pour consoler sa famille restante, ladite collègue secrétaire avança une phrase qui indiquât sa satisfaction par rapport au décès de ce collègue.

> Les confirmatifs, quand ils ne peuvent pas entrer dans la maison ou dans la vie d'une personne proposée comme une proie potentielle, ils peuvent même utiliser les animaux domestiques de la personne s'il en a ; ou encore utiliser les animaux domestiques errants. Dans leurs entreprises, ils ont pour mission de tout mettre en œuvre de manière à ce que la victime ne puisse leur échapper. Car, en cas d'échec, ils sont eux-mêmes punis. Ces punitions peuvent aller jusqu'aux sanctions de mort par élimination physique de leur hôte. Ils créent les vois et les chemins favorisant le rapprochement de la proie, les antennes de suivi des mouvements de la proie, les agents de relais et le lien d'autorisation qui doit être le parent le plus proche de la proie. Une fois que cet arsenal est

mis sur place, c'est en ce moment-là que le prochain groupe entre en action.

- **Les opérationnels ou exécutants**

Les opérationnels sont des personnes physiques pourvues d'une quatrième dimension dont le rôle est d'éliminer physiquement les personnes ; d'inoculer les maladies dans le système vital des personnes ; de causer des échecs dans la vie des hommes et des enfants. En somme, ce sont des personnes qui ont perdu tout sentiment de compassion envers leurs semblables. Ils sont même capables de céder une partie de leur vie pour obtenir une notoriété spirituelle au-delà de la compréhension humaine. Ce sont aussi des personnes qui vont jusqu'à liquider leurs propres enfants pour obtenir les biens matériels.

Contrairement au Saint Esprit qui n'a besoin d'aucun secours venant des hommes ni des femmes pour réaliser les souhaits de ses amis, les personnes qui acceptent d'évoluer spirituellement avec la quatrième dimension régie par les anges déchus appelées encore démons ou esprits impurs sont obligées de s'organiser en groupe afin de pouvoir atteindre leurs objectifs.

La chose qui me réjouit dans la quatrième dimension des anges déchus est que les personnes qui se sont adonnées à cette dimension ne sont ni omniscient ni omnipotent comme l'est le Saint Esprit. Les anges déchus ne sont autres que des créatures inférieures aux hommes, inférieures au Saint Esprit et inférieures à Dieu le créateur.

Les Modes de vie

Le Saint Esprit

Dans le cadre du Saint Esprit, la personne qui vient d'être imprégnée des réalités de cette dimension présente un caractère enthousiasmé et veut le faire entendre à toute personne qu'elle rencontre. Il peut arriver que pendant la période d'incubation, la personne ne maîtrisant pas encore très bien les attitudes et les comportements à adopter, elle peut devenir radicale dans ses décisions. Elle peut avancer des propos incontrôlés et affirmer avec une forte conviction ses dires. J'ai souvent entendu certaines personnes nouvellement croyantes traiter leurs semblables de démon ; juste parce qu'elle ne croit pas à ses convictions spirituelles. D'autres qui traitent leurs proches d'âmes perdues à causes de cette nouvelle force spirituelle qui bouillonnent en elles.

Quand j'ai connu la doctrine de Jésus, j'avais aussi les mêmes appréhensions, de sorte que je crachais la vérité en face sans que ma conscience ne me reproche quelque chose. Ce n'est qu'après des formations en séminaires et à l'école que j'ai su comment aborder les gens à qui j'adressais la parole de l'évangile. Il y eut même un temps où je me suis retiré de la famille. J'ai pratiquement fait quinze années sans m'y rendre dans mon village natal, alors que mon village se situe dans le même département de la ville de mon pays. Pour aller dans mon village natal, je dépense uniquement le tarif normal d'emprunt d'un taxi.

Lorsque quelqu'un reçoit le Saint Esprit dans sa plénitude, la première réalité que vit la personne est la mise à nu de tout mensonge de son entourage. Le Saint Esprit comme son nom l'indique est un esprit de lumière, il dévoile tout ce qui est ténébreux et qui menace la vie de son ami. En le recevant, les premières révélations furent, celles de l'état spirituelle de tous les membres de ma famille : tant du côté maternel que du côté paternel. A la découverte de cette réalité, je me suis décidé de me retirer de leur présence. Or, c'est lorsqu'on est en contact avec toutes ces personnes que l'on est également informé et formé sur les réalités du milieu vital des hommes et des femmes.

Dans le Social

Un adage dit que : "celui qui détient l'information est celui qui détient le pouvoir". Le rôle le plus important que tient le Saint Esprit auprès de ses amis, après celui de protection est celui de l'information. Le Saint Esprit est en avance sur les agissements des hommes. Le Saint Esprit est en avance sur les changements que peuvent subir l'environnement où vit son ami. Le Saint Esprit prévient des dangers. Le Saint Esprit donne les directives à suivre pour un cas donné. Le Saint Esprit averti sur les dangers imminents et donne la conduite à tenir. Le Saint Esprit étant le représentant de Dieu auprès des hommes (ses amis), il ne peut permettre à ses amis de périr ; quels que soient les tempêtes traversées. Le Saint Esprit renforce les capacités physiques et intellectuelles de ses amis.

Un jour du mois de novembre deux mil dix-neuf, je revenais du travail. Longeant le côté droit de la route ; les véhicules qui roulaient de mon côté venaient par derrière. Selon les normes de sécurité, si un véhicule venait à me cogner de ce côté, c'est moi qui aurais tort. Réfléchissant à cette éventualité, un soubresaut frappa dans ma poitrine et me dit : traverse. Juste après avoir traversé, je n'avais même pas fait cent pas, qu'un véhicule gara à mon niveau pour porter un client. Un autre qui venait après lui voulut le doubler en troisième position, et au même moment, deux motocycles se suivaient, un roulait seul, tandis que l'autre portait deux clients : subitement, le deuxième voulait doubler celui qui le précédait. Croyant déjà évaluer la vitesse et le gabarit de sa moto, en amortissant le dépassement, il heurta le parechoc de la deuxième voiture qui s'avançait en troisième position. Tellement que le motocycle allait vite que le choc subit le projeta contre le premier qui allait devant. Les deux conducteurs et les passagers ont fait des chutes de leur moto respective. Cette cène se déroulait juste à l'opposé au niveau où je me trouvais déjà. Voilà un accident que le Saint Esprit m'a fait éviter. En dehors des prières que l'on doit adresser à Dieu et dont il accompli fidèlement les demandes auprès de ses amis, le Saint Esprit veille aussi à la protection de ses amis.

Sur le plan Intellectuel

Je n'aurais jamais su que je pouvais m'assoir devant un écran d'un mini-ordinateur. Je ne suis jamais allé à l'école pour apprendre comment s'en servir d'un ordinateur. Aujourd'hui, je parviens à écrire des livres et à les faire publier. Le montage des documents n'est même plus un secret pour moi. Le Saint Esprit écoutant pour moi sur ce qui me concerne, il y eut une nuit, au moment où je mettais sur écrit le livre sur les pépinières en cacaoculture, le Saint Esprit vint et me dit : tes faux amis se demandent "*comment tu fais pour écrire des livres ?*" et vraiment, il me le révéla par une voix audible. Dans ma maison, tous mes enfants sont au haut niveau de l'intelligence scolaire. Dans le lieu où je travaille, tous les sujets concernant l'anthropologie, la sociologie et ceux d'ordre paranormaux ne me sont pas étranges ; je les traite avec aisance. Avec le Saint Esprit, il n'y a pas de surmenage intellectuel ni de stress à cause du volume de travail. Le Saint Esprit est par excellence l'ami de toute situation et de tous les milieux. J'ai une collègue qui se plein à tout moment du stress à cause du travail. Chaque fois qu'elle soulevait ce problème, je lui disais qu'il faille qu'elle s'arrange avec le Saint Esprit ; pour tant elle est une fervente croyante en christ. Le Saint Esprit dans le domaine professionnel rend le travailleur attentif sur tout ce qui peut être des non vu pendant l'exercice de ses fonctions. Le Saint Esprit augmente la capacité des circonvolutions et permet d'emmagasiner plus qu'il n'en fallait si l'on est sans sa présence. Le Saint Esprit augmente la force et l'endurance dans le travail : il est le catalyseur des exploits.

Dans l'Eglise du Christ ressuscité

Selon les déclarations de Pierre le jour de la pentecôte, le Saint Esprit est le maître de la parole accomplie dans les différents miracles et prodiges. Il est également la sentinelle du temple et transmet à tout le peuple la volonté de Dieu pour la bonne marche du temple et du corps du Christ. C'est lui qui, sur instruction des serviteurs conducteurs et des membres du corps du Christ que le Saint Esprit combat le mal sous toutes ses formes. Aussi vrai que le Saint Esprit combatte le mal sous toutes ses formes, il apporte aussi le bien sous toutes ses formes à ses amis. Selon la bible, le Saint Eprit est la quatrième dimension qui veille sur le salut de ses amis. *N'attristez pas le Saint Esprit par lequel vous avez été celé pour le jour de l'avènement du Seigneur.*

Les Anges déchus ou encore les démons ou esprits méchants (selon l'église)

Pendant que notre génération grandissait, lors des réunions au village, l'on nous parlait des "*les dieux ont dit que*" ; cette phrase venait chaque fois pour nous faire comprendre l'importance du message que les anciens nous transmettaient. A cette époque, la tradition et les dieux était un moyen de prospérité au milieu de la communauté. Lorsque l'on programmait le don d'un esprit de la quatrième dimension des anges déchus, une fois que les cérémonies de baptême achevés, la société était témoin de l'évolution sociale de la personne. Lorsqu'il y avait un mal qui s'sévissait dans la communauté, les anciens appelés encore patriarches pouvaient se concerter et décider que le mal disparaisse de la communauté ou de la personne malade, et il en était ainsi. De nos jours, ces puissances spirituelles ont disparu. Nous avons grandi, et chacun est entré dans la vie active. Il ressort comme remarque : mes frères et sœurs de famille qui ont bénéficié et hérité de cette quatrième dimension n'ont jamais accompli des merveilles étonnantes comme le faisait les gardiens de cette culture traditionnelle.

Mon arrière-grand-père a atteint cent trois ans ; je l'ai vu. Mon grand-père a atteint quatre-vingt ans ; je l'ai aussi vu. Ma grand-mère paternelle a aussi atteint quatre-vingt ans ; je l'ai aussi vu. Mes parents géniteurs sont décédés sans qu'aucun n'ait même atteint soixante-dix ans. Pourtant, selon les révélations que m'a fournies le Saint Esprit, chacun d'eux avait cette quatrième dimension des anges déchus qui était pour chacun d'eux un dieu de la protection et de la connaissance précoces des évènements à venir. De nos jours, tout a disparu ; et le mauvais côté de cette dimension a envahi la famille. Il y a même eu des années où la famille perdait plus de cinq membres par des décès inexplicables. La seule chose que l'on racontait pendant le conciambule fut que : Dieu a donné et Dieu a repris. Je me suis exclamé : même les jeunes ! J'ai donc compris que toutes ces choses ne sont que des biens spirituels éphémères.

Lorsque le phénomène du VIH Sida a apparu, une de mes sœurs de famille décéda de suite de longue maladie. Après de nombreux examens médicaux sans résultat, les médecins conclurent quand même qu'elle est décédée du VIH Sida. Or le monsieur qui fut son prétendant, après de dix ans depuis son décès est encore vivant et bien portant. Je dis qu'ils vivaient sous un même toit. Je me suis encore exclamé : le VIH Sida ! Pourquoi ne l'a-t-on dépisté au début ? Pourquoi avoir attendu. Par la même occasion, j'ai compris que ce sont des sacrifices humains que la famille faisait don à ces dieux. Personne ne se sentait gêné. La seule parole que j'entendais était que : nous savons que cette famille est nombreuse et en est capable de gérer les deuils. Un de mes oncles avait pris sa retraite. Il décida de s'installer au village avec ses enfants. L'une de ses filles tomba en ceinte. Le temps de réclamer le sang humain arriva. Elle fut pointée comme celle qui devrait servir de sacrifice. Elle me fit appel et m'expliqua ce qu'elle vivait dans ses songes (en esprit). J'ai aussitôt compris ce qui se passait. Dès qu'elle accepta de se soumettre aux conseils bibliques que je lui prodiguais, nous avons commencé à faire des séances de prières de délivrance. Pendant que nous travaillions, la face d'un de mes oncles apparus deux fois dans mes songes. Voyant son comportement dans ces songes, j'ai compris quel rôle il avait dans l'utilisation de ces anges déchus qui constituaient la quatrième dimension et la force traditionnelle de la famille. Pendant que la délivrance avançait, le Saint Esprit me révéla où se trouvait la forteresse de toute cette force qui maintenait la famille sous cette influence. Je me suis rendu sur les lieux (le cimetière familial) et j'ai commencé les prières en aspergeant le sang de Jésus (l'arme suprême de Dieu). Une fois terminé le cérémoniel, je suis retourné à la maison où était ladite cousine et lui ai dit que tout était bien et qu'elle accouchera normalement. C'est ce qui se passa. Comme Dieu est miséricordieux, cet oncle eut un sursis de quatre ans pour se repentir. Il s'est mis à lire la bible ; je me suis dit que cette lecture ne valait rien tant qu'il n'y a pas une repentance sincère. Finalement, il est décédé sans vouloir se repentir. Son fils qui marchait sur ses mêmes pas s'en est également allé six mois plus tard. A partir de ces moments, ma réflexion commença à devenir plus profonde.

Quel profit y a-t-il à traiter avec ces anges déchus, malgré les biens faits que ventent ceux qui les utilisent ?

La première chose qui saute à l'œil spirituel, est que c'est un monde de sacrifice humain. Ce qui est donné par la main gauche est retiré par la main droite. Ces esprits donnent à leurs adeptes quatre biens faits, en retour, ils retirent quatre-vingt-seize des biens faits naturels de l'individu. A voir le peut qu'ils donnent à leurs adeptes, l'on constate qu'ils ne font que les faire goûter au bien, de manière que les hommes et les femmes aillent continuellement chez eux pour demander et en retour leur redemander plus qu'ils ne leur donnent. Généralement c'est le sang, les vies humaines qui sont sacrifiées. C'est pour cela que ceux qui évoluent dans cette dimension sont le plus souvent des coureurs de jupons quand ce sont les hommes ; quand ce sont les femmes, elles présentent des caractères de cuisse légère. Elles refusent difficilement les avances des hommes, surtout ceux qu'elles convoitent.

De manière générale, les hommes et les femmes qui évoluent dans cette dimension présentent toujours un handicap physique même s'il n'est pas visible à l'œil nu. Dans le plan spirituel occulte, ils présentent un vide qu'il faut toujours combler. C'est pour cela que la quête des sacrifices est permanente dans leur vie. Toutes ces pratiques secrètes sont voilées pour les jeunes gens qui ont beaucoup de doute pour l'arrière face de ces choses. Refusant de se conformer et de respecter les us et coutumes traditionnels ; ils sont l'objet de menace de mort et de malédictions de la part des anciens. Cette situation cause beaucoup de décès au milieu des jeunes dans des communautés où les anciens courent après eux, proférant les menaçants de mort au cas où ils ne veulent pas se soumettre. Pour l'église (personne repentie, assemblée chrétienne), ces esprits ne sont d'aucune utilité. Les ténèbres et la lumière ne font jamais route ensemble. Certaines personnes pensent souvent qu'elles peuvent partager les deux milieux. Dans mon pays, tous ceux qui ont gouverné au moyen des démons ont fini dans des conditions lamentables.

La Messe noire

Apocalypse 13

13.1 Et il se tint sur le sable de la mer. Puis je vis monter de la mer une bête qui avait dix cornes et sept têtes, et sur ses cornes dix diadèmes, et sur ses têtes des noms de blasphème.

13.2 La bête que je vis était semblable à un léopard; ses pieds étaient comme ceux d'un ours, et sa gueule comme une gueule de lion. Le dragon lui donna sa puissance, et son trône, et une grande autorité.

13.3 Et je vis l'une de ses têtes comme blessée à mort; mais sa blessure mortelle fut guérie. Et toute la terre était dans l'admiration derrière la bête.

13.4 Et ils adorèrent le dragon, parce qu'il avait donné l'autorité à la bête; ils adorèrent la bête, en disant: Qui est semblable à la bête, et qui peut combattre contre elle?

13.5 Et il lui fut donné une bouche qui proférait des paroles arrogantes et des blasphèmes; et il lui fut donné le pouvoir d'agir pendant quarante-deux mois.

13.6 Et elle ouvrit sa bouche pour proférer des blasphèmes contre Dieu, pour blasphémer son nom, et son tabernacle, et ceux qui habitent dans le ciel.

13.7 Et il lui fut donné de faire la guerre aux saints, et de les vaincre. Et il lui fut donné autorité sur toute tribu, tout peuple, toute langue, et toute nation.

13.8 Et tous les habitants de la terre l'adoreront, ceux dont le nom n'a pas été écrit dès la fondation du monde dans le livre de vie de l'agneau qui a été immolé.

13.9 Si quelqu'un a des oreilles, qu'il entende !

13.10 Si quelqu'un mène en captivité, il ira en captivité ; si quelqu'un tue par l'épée, il faut qu'il soit tué par l'épée. C'est ici la persévérance et la foi des saints.

13.11 Puis je vis monter de la terre une autre bête, qui avait deux cornes semblables à celles d'un agneau, et qui parlait comme un dragon.

13.12 Elle exerçait toute l'autorité de la première bête en sa présence, et elle faisait que la terre et ses habitants adoraient la première bête, dont la blessure mortelle avait été guérie.

13.13 Elle opérait de grands prodiges, même jusqu'à faire descendre du feu du ciel sur la terre, à la vue des hommes.

13.14 Et elle séduisait les habitants de la terre par les prodiges qu'il lui était donné d'opérer en présence de la bête, disant aux habitants de la terre de faire une image à la bête qui avait la blessure de l'épée et qui vivait.

13.15 Et il lui fut donné d'animer l'image de la bête, afin que l'image de la bête parlât, et qu'elle fît que tous ceux qui n'adoreraient pas l'image de la bête fussent tués.

13.16 Et elle fit que tous, petits et grands, riches et pauvres, libres et esclaves, reçussent une marque sur leur main droite ou sur leur front,

13.17 et que personne ne pût acheter ni vendre, sans avoir la marque, le nom de la bête ou le nombre de son nom.

13.18 C'est ici la sagesse. Que celui qui a de l'intelligence calcule le nombre de la bête. Car c'est un nombre d'homme, et son nombre est six cent soixante-six.

En lisant attentivement ces versets bibliques, il ressort que même l'éthique morale humaine ne permet pas qu'un individu blasphème ou commère contre un autre. La messe noire n'est autre qu'un culte dédié au dragon, à la tête blessée et dont la blessure a été guérie, à la bête qui monte de la terre et qui exécute les ordres de la première bête en la présence de la première bête.

Le dragon, c'est Satan. La première bête qui monte de la mer est Lucifer le prince du monde de la perdition. La deuxième bête représente les anges déchus, il renferme en son sein tous les anges déchus (quatrième dimension) et elle est celle qui distribue les ordres donnés par la première bête. La messe noire est donc là pour mettre en œuvre les ordres du dragon selon les besoins de ses adeptes. Cette messe se tient tous les vendredis avant le sabbat. Malgré que certaines communautés aient choisi le dimanche pour célébrer le culte du sabbat. Jésus vint libérer les âmes sur la question du jour à célébrer le sabbat en déclarant que l'homme est le maître du sabbat. Satan et ses adeptes reconnaissent que le sabbat célébré le samedi a plus d'autorité et d'influence dans l'univers. Dans la messe noire, trois règnes font le clou de toutes les rencontres : le sexe, l'argent et le pouvoir. Ces trois aspects sont ceux qui amènent les hommes et les femmes à commettre tout genre de meurtre parmi les âmes de Dieu. Dans cette messe, la parole d'évangile biblique, puisque c'est le livre le plus combattu, cette parole est lue et dite en l'envers, à l'opposé de la justice de Dieu. Passant à l'action, ceux qui demandent le pouvoir écrasent, détruisent leurs semblables sans vergogne. Ceux qui veulent l'argent sont ceux qui tuent le plus. Ils peuvent aller jusqu'à procéder à l'élimination physique de leurs parents géniteurs et même de leurs propres enfants. Ils peuvent facilement déclarer : "*les enfants ne sont pas l'argent, alors s'il faut que je m'en débarrasse pour avoir l'argent je le fais*". Ceux qui connaissent l'ascension par le sexe sont ceux qui se livrent sans cesse aux exacerbations sexuels sans arrêt. Il est même facile de les voir dans des scènes d'abomination sans précédentes. Le sexe et l'argent sont des principes qui dégradent l'estime d'une personne, tandis que l'autorité d'un pouvoir est le principe qui peut soit élevé une personne, soit rabaissé la personne.

La bible dit que tout pouvoir vient de Dieu ; cependant, d'où vient l'autorité par laquelle l'on exerce le pouvoir qu'on a reçu ? Dans le monde, il existe deux sortes d'autorité :
- L'autorité qui vient des profondeurs : de Satan
- L'autorité qui provient de l'Eternel Dieu Tout Puissant.

La Métaforme

La métaforme est un ensemble des faits qui se déroulent dans un monde existant mais qui n'est pas reconnu par le monde scientifique concret et dont les effets sont palpables dans le monde concret. Les faits sont déformés et on les plaque sur des personnes cibles qu'on veut inculper des faits dont ils sont innocents. En fait, les agents occultes donnent une fausse image à quelqu'un. Ces cas se rencontrent surtout dans les palais de justice. Certaines personnes sont souvent inculpées des faits dont ils sont innocents. Ce sont les démons qui font ce travail. Ils déforment les faits. Il est constitué des personnes qui ont une identité double. L'on peut être conscient ou inconscient, le fait d'être humain et constitué des trois dimensions qui constituent chaque être vivant, cette forme de vie existe en soi. Il n'y a que le Saint Esprit qui vient toujours effacer ces images dans la vie de quelqu'un. Dans des maisons hantées, ce sont les démons de changement des conditions qui font ce travail. Ils changent les conditions habitables d'une maison en conditions inhabitables. Il n'y a que le Saint Esprit qui est capable de remédier à des situations pareilles.

L'autorité qui vient des profondeurs : de Satan

Cette autorité est exercée par Satan au moyen des anges déchés. C'est un monde qui ne donne rien pour rien. C'est un monde où l'on reçoit 1% et paye 4% en retour. C'est un monde où les plus forts mangent ou engloutissent les plus faibles. C'est un monde où les sacrifices humains sont de règle pour une éventuelle élévation ou succès. Ici l'on achète avec le sang humain et l'on paye également avec le sang humain. Nous avons vu que la bête a était blessé, une fois que l'on s'attache à la bête, elle fait une ouverture en la personne, c'est cette ouverture qui lui permet de contrôler son sujet. C'est également par cette ouverture qu'elle reviendra prendre la vie de son sujet lorsque le temps qui lui a été imparti sera à arrivera à terme. Les adeptes de l'occultisme qui vivent souvent jusqu'à la vieillesse sont des personnes qui font d'énormes sacrifices pour se maintenir en vie.

La séduction par le sexe

Ce que je m'en vais déclarer dans cette partie est vrai tant pour l'Afrique que pour l'Occident. L'être humain est unique et les pratiques dans le monde métaformique sont les mêmes pour tous les peuples qui s'y aventurent. Dans les traditions des communautés où les anciens parlent des dieux, et où l'évolution des individus connait une ascension fulgurante, les faits concrets de ces évolutions cachent toujours une façade que les yeux humains ne peuvent voir. Les individus spéciaux se conforment aux actes infâmes qui ne disent pas leurs noms. J'ai vu des gens consacrés leur progéniture pour de l'argent. J'ai vu des gens consacrés leur progéniture pour obtenir l'influence. Certains sont allé jusqu'à tuer leur géniteur pour des richesses matérielles. En somme la vente des êtres humains est de loi et principe. Pour parvenir aux fins des sollicitations, la quatrième dimension que les uns et les autres possèdent en eux, est la pierre angulaire du succès ou de l'échec. Prenons par exemple les personnes qui vont dans les messes de noires et qui mettent leur sexe en gage pour réussir, ces personnes, hommes ou femmes vont présenter une légèreté sexuelle inédite.

Dans le cas des hommes, leur quatrième dimension est une dimension qui a pour rôle de séduire les femmes. Ces esprits connaissent de loin qui peut et ne peut pas être une proie. Ils ne vont jamais vers les fils et les filles de Dieu sincèrement repentis.

Ils sont des semeurs de la graine satanique dans la vie des femmes qui tombent dans leurs griffes. Chaque femme qui tombe dans leurs griffes, au cours du coït, ils implantent leur graine et s'en vont. Si la graine n'a pas été bien implantée, ou s'ils trouvent une résistance, ils reviennent pour bien par achever leur travail. Une fois que cela est déjà fait, le monsieur abandonne la femme. Ladite femme devient ce que nous appelons chez nous une roue de secours ; c'est-à dire qu'elle ne pourrait plus avoir un homme à elle pour mari, elle est uniquement pour des soulagements passagers. La graine qui est semée est en fait un esprit qui est introduit dans le corps de la victime. Cet esprit contrôle la victime dans tous ses gestes, ses plans d'entreprenariat, les finances, la santé, et tout ce qui concerne la vie de la victime. Des personnes pareilles vivent dans le corps de la victime en exploitant son étoile. Elles peuvent même aller jusqu'à tuer leurs victimes. Les femmes qui sont victimes des cas pareils sont rares à trouver un homme qui la prenne pour épouse, cette personne fera tout pour chasser tous ceux qui s'y aventureront vers elle.

Lorsque c'est une femme, elle a pour rôle de recueillir le flux sexuel de chaque homme qui couche avec elle. Les paroles des femmes pareilles, lorsque leurs victimes causent avec elles, elles ne présagent jamais le succès. Elles tiennent toujours des langages contraires au succès. Lorsqu'elles parlent ainsi, elles savent sur quoi elles se basent. Il est à noter que plus le mal met long, plus le cas devient grave et difficile à conjurer. Le transfert des esprits (anges déchus) qui se fait pendant les rapports sexuels est en fait la possession de la vie de la victime. Dès lors, la personne comme la victime ne sont plus maîtres de leur propre volonté ; surtout la victime. Le bourreau est forcé d'exécuter les actes du pacte qu'il a signé par son propre sang dans la loge occulte dont il est membre. La victime de son côté mène une vie de cauchemars. En plein sommeil, de jour comme de nuit, la victime se voit prendre des repas dans le sommeil. Elle peut aussi se voir faire l'amour avec des personnes qu'elle ne reconnait pas, parfois la victime se retrouve avoir déjà fait l'amour avec une personne qu'elle n'a pas pu voir ni ressentir le moment qu'elle a eu l'acte sexuelle. Elle s'aperçoit seulement qu'elle est mouillée. Je prends les cas de rapport sexuels parce que ce sont les actes les plus dégradants de la vie de la victime. Il y en a qui jurent par des pactes de nutrition aux oiseaux et aux souris pourris à des heures très avancées de la nuit. Lorsque ces heures approchent, la quatrième dimension qui les possède est comme un gardien qui veille sur l'accomplissement du pacte. Ces esprits les amènent de force et sous de menaces de s'exécuter. Les repas qui leur sont servis viennent des profondeurs des entrailles de la terre ou sous la mer rouge. A l'heure H, ils doivent s'exécuter en se rendant au lieu du rendez-vous. Habituellement, ces personnes sont amenées à construire très vite une maison isolée dans des lieux indiqués par les anges déchus encore appelés démons qui les possède. Une fois la maison construite, elle devient le lieu où elles vont se nourrir. Parfois, ces personnes consacrent certaines chambres de leur maison, appelée communément "chambre noire". C'est dans ces lieux spéciaux qu'ils sont servis et mangent des choses telles que : les souris pourris, les oiseaux pourris, la chair humaine apportée du monde occulte. Les transporteurs sont une catégorie d'anges déchus qui apportent la nourriture qui doit être servie. On ne peut pas être membre d'une secte occulte sans avoir goûté à la nourriture de la communauté. Toutes les personnes qui sont nourries aux pourritures sont des personnes qui présentent toujours une obésité avec des maux de ventre constants. Je ne dis pas que chaque personne obèse est un occultiste.

La séduction par l'argent

Elle est faite au moyen de l'argent. Ceux qui vont dans la messe noire pour l'agent sont des personnes et des femmes qui partagent l'argent à tout vent. Pour les hommes, ils sont prêts à louer des maisons somptueuses pour leurs copines, les mettent aux bons soins. En général, de telles personnes s'accaparent toujours de la conscience de leurs victimes par l'abondance de l'argent qu'ils leur versent par jour.

Pour les femmes, elles sont les pourvoyeuses de biens matériels et financiers. Même si elles sont mariées, elles finissent toujours par endormir la conscience de leur mari pour mieux gérer les hommes à la portée de leur bourse. Les pratiques du "*Kong Tsu*" sont très développées. Les hommes comme les femmes sont capables d'exploiter une personne vivante en la faisant travailler dans un autre pays sans qu'elle soit décédée. Lorsqu'une personne pareille fait don d'argent à sa victime, la victime ne sait réellement pas ce que son bourreau gagne sur elle. Hommes, comme femmes, les deux genres peuvent entretenir autant que possible des relations amoureuses avec un nombre important d'individu imposé par la quatrième dimension selon les pactes tissés.

Les derniers mois de l'année sont les moments où le monde occulte est en effervescence. Chaque occultiste doit forcément atteindre le nombre d'âmes à livrer, si non l'année qui suit sera une année de vaches maigres.

Le pouvoir

Ceux qui y vont pour le pouvoir se font des scarifications sur la langue. Lorsqu'une personne pareille occupe un poste élevé dans l'entreprise, il n'aime jamais qu'une autre personne puisse manifester une quelconque évolution dans un domaine social.

Il n'apprécie même pas que quelqu'un d'autre lui résiste en face, il en cela un affront qu'il fait vite de réparer : soit il renvoie la personne, soit il l'affecte loin, ou il le tue. Ce sont des personnes qui mettent tout leur savoir pour freiner leurs semblables. Ils sont les champions des incantations. En retour, ils sont les premiers à nier l'existence de l'occultisme. Ce pour quoi j'aime Dieu, c'est qu'à la fin, toutes ces personnes finissent toujours par être avaler par leurs œuvres ; et connaissent toujours une fin tragique et désolante.

Ceux qui sacrifient leurs enfants pour s'élever et se maintenir ont toujours des enfants macabres. C'est pour cela que l'on a fini par dire que "les enfants des riches sont toujours des déroutés de la société". Certains sont des voleurs. Certains sont de détractés mentaux. Certains sont ceux que l'on appelle vulgairement "des enfants mongoles". Ces enfants vivent avec la mort dans l'âme.

Au niveau des chefferies traditionnelles, ces esprits font un carnage des jeunes. Les anciens qui sont bien installés et assis dans les traditions sont des personnes qui ne jouent pas avec les principes de la culture. Ils sont derrières les jeunes, scandant tout genre de menaces.

Dans la pérennité des grandes entreprises, des grands consortiums, rares sont celles qui évoluent uniquement par les mérites de Dieu. Je veux dire que le Dieu qui est le Père de miséricorde n'est pas dans le cirque qui se produit dans ces entreprises ; c'est pourquoi elles sont toujours obligées de faire des sacrifices humains. Derrière ces grandes entreprises se cachent des choses que même si on les connait, on a peur de les nommer, à cause de la terreur que cause le Diable dans les consciences des hommes et des femmes qui lui sont soumis.

Les encouragements

Les encouragements sont une prise de conscience et de décision que j'aimerais que, ceux qui sont dans le monde occulte à cause des richesses et ses influences quelconques, et qui veulent sortir sans que leurs richesses en pâtissent. La première des choses que je veux que ceux-là comprennent est que, Satan et ses démons ne sont que des menteurs. Si vous lisez bien le livre de Genèse, vous trouverez que Dieu est celui qui a béni les êtres humains en prononçant les paroles suivantes : *Soyez féconds, Multipliez, Dominez et Assujettissez.* Ces paroles constituent l'Etoile de tout un chacun. Ce n'est pas l'Eglise qui les donne, c'est Dieu notre créateur. Il peut seulement arriver qu'au cours de la croissance, elles soient influencées par l'ennemi, et que pendant que l'on veut maintenant exprimer son désir de croissance, il y est des blocages à cause de ces influences négatives. Je sais également que Satan menace toujours de mort les humains qui veulent quitter son cercle. J'aimerais que l'on sache que Jésus, par son Saint Esprit, promet de couvrir leurs arrières si l'on est sincère dans son engagement. Il ne pourra par conséquent pas toucher ni à ton argent, ni à tes entreprises, car il n'a rien créé. Vers la fin de ce livre, tous ceux qui voudront rejoindre Jésus et son Saint Esprit auront des prières de protection pour soi, pour ses entreprises et pour son argent, bien adaptées aux circonstances.

Les mérites

Les êtres humains sont plus méritants devant Dieu que les anges déchus et même les anges restés fidèles à Dieu. Les hommes et les femmes qui vont vers les esprits pour demander les richesses et leurs bienfaits sont dans l'ignorance. Lorsqu'un homme ou une femme vont demander les richesses à un esprit autre que le Saint Esprit, leurs demandes sont toujours cautionnées par un sacrifice humain (le sang). Le sang que demande les démons ou anges déchus est un moyen de survie pour ces esprits. La longévité d'un esprit démoniaque est en moyenne de huit cent ans ; quand il a eu beaucoup d'âme à sa disposition. C'est le sang humain qui permet à ces esprits de vivre longtemps. Cependant ; ils finissent toujours par mourir, c'est-à dire, qu'ils se désintègrent. Le seul esprit à qui Dieu a prononcé une éternité est l'âme humaine. Les hommes et les femmes ne savent pas qu'ils sont une richesse pour Dieu et qu'ils sont également supérieurs à ces esprits grâce à l'âme qu'ils portent en eux. La force de l'âme humaine est telle que celle-ci peut connaître une ascension jusqu'au sommet de la lumière qu'est Jésus ; alors que l'ange ne peut le faire ni un démon. C'est cette jalousie qui pousse les démons à voiler la conscience des hommes et des femmes. Comme conséquences de cette ignorance, ils se tournent vers ces anges déchus (les messagers de Satan), par conséquent, ils s'enferment dans des prisons où ils ne sont maîtres de leurs décisions.

L'être humain est une puissance, une bombe contre Satan et ses démons, il suffit seulement de lui enseigner comment faire valoir cette puissance et cette autorité dans sa vie. L'être humain est la seule créature à qui Dieu a promis une éternité que n'ont pas les anges. Cette éternité se trouve dans l'âme. Par son âme, l'être humain peut briser toutes les portes de la malédiction ; par conséquent la pauvreté. Le mérite de l'homme et de la femme depuis la création est l'esprit de Dieu. Depuis la révélation de Jésus, la troisième dimension qu'est l'Esprit de Vie de Jésus, l'Esprit des prouesses et des merveilles est disponible pour tous. Les gens sont habiles à chercher les richesses de ce monde, oubliant que Dieu leur a déjà tout donné. Il suffit seulement de se connecter au Saint Esprit pour en fin entrer en possession de ces richesses. Selon la bible, le diable (l'esprit de la quatrième dimension de Satan qui possède l'homme (les anges déchus) est un menteur et le père du mensonge. Il trompe les gens que c'est lui le pourvoyeur des biens. Moïse a démontré que par la persévérance et connaissant bien son Dieu, l'on finit toujours par obtenir les biens faits de son créateur. Les hommes doivent apprendre à connaître Dieu en lisant la parole qui découle de lui et écouter les anciens qui sont d'abord parvenus à la connaissance de cette vérité. Les gens doivent apprendre à connaître Dieu en méditant sur tout ce qu'ils lisent concernant Dieu. La découverte du salut par les prophètes a été l'objet des recherches. C'est pourquoi, Dieu étant fidèle dans sa parole, s'est laissé découvrir par eux sous cette forme avant que Jésus ne vienne en chair sur terre. Cette découverte sur le salut étant aussi révélée au roi David, celui-ci a supplié Dieu de le laisser vivre jusqu'au temps où cela serait une réalité. Malheureusement pour lui, Dieu lui a répondu que cette gloire n'est réservée qu'aux générations futurs. Chacun de nous, vivant en ce jour, fait partir de cette génération. Saisissez donc cette occasion. Un autre mérite que Dieu donne aux hommes dans :

Jean 14 : 15-24 :

14.15 Si vous m'aimez, gardez mes commandements.

14.16 Et moi, je prierai le Père, et il vous donnera un autre consolateur, afin qu'il demeure éternellement avec vous,

14.17 l'Esprit de vérité, que le monde ne peut recevoir, parce qu'il ne le voit point et ne le connaît point; mais vous, vous le connaissez, car il demeure avec vous, et il sera en vous...

Le Père par Jésus promet son Esprit aux hommes et non aux anges. Il va même plus loin en promettant à l'homme d'être avec lui. Dans le même sciage, il donne aussi à l'homme la capacité de dominer sur les anges déchus, appelés encore démons, esprits impurs etc... Ce sont ces esprits qui causent des désordres dans la vie des hommes. Le Saint Esprit est donc là pour détruire ce désordre dans la vie de tous ceux qui font de lui son ami personnel. Moi-même je ne peux rien entreprendre sans lui tenir au courant de ce que je veux faire. C'est de cette façon que je l'amène à prendre contrôle de tout ce qui se passe et qui va se passer dans ma vie, et dans la vie de ceux que je suis appelé à rencontrer pour l'avancement de mes entreprises. Cette gloire est aussi pour toi.

Jean 14 :12-14,

14.12 En vérité, en vérité, je vous le dis, celui qui croit en moi fera aussi les œuvres que je fais, et il en fera de plus grandes, parce que je m'en vais au Père;

14.13 et tout ce que vous demanderez en mon nom, je le ferai, afin que le Père soit glorifié dans le Fils.

14.14 Si vous demandez quelque chose en mon nom, je le ferai.

Ce qui prouve que la vie qu'il y a dans l'âme humaine est un don de Dieu et non celui des anges.

Dans le livre de Paul aux Colossiens, il déclare que Jésus est supérieur aux anges de toutes nature et de dénominations. Les anges sont au service des saints par Jésus, par conséquent ne peuvent produire l'effet de repentance ni de salut. Or, lorsque quelqu'un reçoit le salut, par le Saint Esprit et au nom de Jésus, il peut aussi transmettre le salut à ses semblables.

Le paranormal

Le paranormal est l'ensemble des faits surnaturels inexplicables ou difficilement explicable et qui parfois le diagnostic est au-dessus de la compréhension de la médecine moderne et de la compréhension de l'homme animal. Un homme animal est une personne qui ne comprend rien du monde spirituel.

Les effets du paranormal se subdivisent en deux catégories : le paranormal positif et le paranormal négatif.

Le paranormal positif est celui qui vient l'Eternel Dieu et est expérimenté en connexion avec Saint Esprit. Je reviendrai dessus après. Commençons par le paranormal négatif.

Le paranormal négatif

Dans les questions spirituelles, les hommes se sont beaucoup investis dans le côté parlé expliqué par les hommes. Au début, je disais que cela est fait parce que les hommes étaient analphabètes. En ce siècle de lumières spirituelles, je constate que même les intellectuels continuent à tomber dans les mêmes pièges. Certes, Dieu est d'abord parole avant d'être écrit. Est-ce pour cela que l'on doit foncer tête baissée sans réfléchir. Mais, lorsque l'on pose des questions à une personne pareille concernant la divinité de Jésus, elle est prête à démontrer comment il connait bien Dieu. De quel dieu s'agit-il ? bien que là ne soit notre sujet. Revenons sur le sujet important.

Après plusieurs investigations, je peux affirmer avec certitude que les anciens et les traditions (patriarches gardiens des traditions de ce monde) évoluent dans le paranormal négatif. La configuration mondiale des organismes mondiaux sont confectionnées sur le modèle paranormal négatif ; quoique scandant le bienêtre de l'humanité. Les sectes pernicieuses (Rose croix, Fran maçonnerie, la fraternité blanche, la Science chrétienne, le Vodou, Ekankar, le Satanisme...) évoluent dans le paranormal négatif ; à cela s'ajoutent les églises dites chrétiennes dirigées par des prophètes qui ne prêchent ni n'enseignent sur la repentance profonde et sur la nouvelle naissance. Toutes ces associations spirituelles fonctionnent sur la base de la quatrième dimension issue des anges déchus appelés encore démons ou esprits impurs. Ces gens disent des vérités. Ces vérités n'apportent pas le bienêtre du cœur ni de l'âme. Ils savent ce qu'ils font et sont déjà sacrifiés à leur maître. Je ne recommande pas qu'il ne faut pas aller vers eux ; mais il faut être sage si quelqu'un s'avance vers eux. Beaucoup de sacrifices sont faits à l'arrière-plan de leur ministère que de miracles visuels. Pour que ces esprits survivent, ou qu'ils donnent à leurs adeptes ceux dont ils ont besoin, il leur faut des âmes (du sang humain, rare est celui des animaux).

Le mensonge que les anciens occultistes mal repentis ont l'habitude de conter aux chrétiens est qu'ils déclarent que les démons ne meurent pas. Le seul esprit que Dieu a promis et donné une éternité est l'âme humaine. Pour que les démons survivent, il leur faut du sang des âmes humaines. Si un démon fait 90 jours sans boire une goutte de sang, il se désintègre et disparait. C'est pour cela que, lorsque le sang humain se fait rare, les démons vont se mettre en embuscade là où les animaux passent le plus pour les projeter contre les voitures et provoquer des accidents sur ces animaux domestiques et boire leur sang. En général, ces esprits font toujours le contraire de ce qu'interdit Dieu dans la bible et imposent ce comportement à leurs adeptes. Dans le monde des démons, rien n'est sans le sang ; surtout le sang humain. Toutes les personnes qui sont tuées par les démons au travers des occultistes, les âmes de ces personnes font des trophées. A la fin de leur règne, leur âme devienne aussi la propriété de Satan. D'où la fameuse phrase de Jésus : *à quoi sert-il à un homme de gagner tout le monde s'il venait à perdre son âme ?*
Une fois de plus, j'aimerais que l'âme de chaque personne vive les richesses de ce monde dans la gloire de Jésus et qu'à la suite, son âme se repose également dans la gloire de Dieu ; et même celle de ses enfants.

Celui qui a bu sang humain ou mangé la chair humaine par des procédés occultes, ces choses ne s'altèrent jamais dans le corps. Ces choses constituent plutôt des trophées que chacun exhibe dans des réunions occultes pour démontrer combien de fois l'on est assidu et puissant. Ce sont ces trophées qui font également la force des uns et des autres. Chez Dieu, on n'accuse personne si l'on est fauché précocement de ce monde. Dieu le déclare faible et paresseux. Chez Dieu, l'on ne fait reposer sa pauvreté financière ni matérielle sur une tierce personne. Dieu le déclare de paresseux, fainéant et incompétent.

*Un jour, pendant une séance de délivrance et d'intenses prières, un enfant qui était constamment malade de paludisme, le démon qui le possédait déclara : " *le paludisme que souffrait cet enfant n'est pas réel, je suis celui qui permet que les autres viennent vider son sang pour approvisionner nos avions.*" Continuant l'interrogatoire, le démon continua à donner les informations sur la santé de l'enfant en déclarant :" *en vidant son sang à tout moment, cela provoque une anémie sévère ; non seulement nous prenons ses globules rouges, mais également nous le vidons du liquide même du sang.*" Après ces révélations, je l'obligeai de partir et de ne plus jamais revenir dans la vie de cet enfant ni posséder une autre vie.
* Un autre jour, pendant une autre séance de délivrance, je parlais des soi-disant vers de bas ventre dont souffrent beaucoup de femmes. Pendant l'enseignement, je faisais comprendre aux femmes que ce n'est pas ce qu'elles croient qui est, mais plutôt un démon qui a pour rôle de posséder les enfants pendant qu'elles sont enceintes. Subitement, une proposé au grade de diaconesse a réagi. Elle a commencé à sautiller dans tous les sens, et le démon commença à parler : " *c'est que le monde est dans l'ignorance, le ver de femmes n'existe pas, nous sommes les esprits qui sont là pour détruire les vies en possédant les enfants qui sont conçus ; ainsi nous proliférons les corps des enfants. Également si une femme pouvait mettre au monde cinq enfants, nous limitons le nombre selon notre vouloir, le reste, nous prenons et les envoyons à notre chef.*"
*Il y a des faits que les gens refusent souvent d'en parler. En fait, ce n'est pas donner à tout le monde d'en parler. Si une personne n'est pas encrée en Jésus et connaisse sincèrement, il ne devrait pas en parler. Le fait d'être dans le corps de Christ ne veut pas dire que l'assurance contre les attaques des esprits démoniaques est déjà un fait acquis. Le fait d'en parler veut dire que l'on est capable de supporter ou de faire face aux assauts retours des esprits occultes par ceux qui les portent en leur sein. Lorsque je parle de Satan ou du diable, je peux le faire parce que j'ai déjà eu à acquérir un niveau de croissance dans le Seigneur Jésus, par conséquent, la gloire du Saint Esprit en moi est à un niveau où les démons et les occultistes ne peuvent plus rien me faire ni toucher à mes entreprises.

Il y a une chose qui est pertinente dans le monde des esprits, c'est que les gens pensent que si un livre qui parle des esprits est écrit en Afrique, c'est que, ce qui est écrit concerne seulement l'Afrique. Si le livre est écrit en Europe, il ne concerne que l'Europe. Si c'est en Asie ou en Amérique, les faits qui sont relatés dessus ne concernent que l'Asie ou les Amérique ; faux. Tous les peuples sont concernés. L'affaire spirituelle est divisée en deux parties : le monde que Jésus incarne et le monde que Satan incarne. Les deux couvrent l'univers et c'est l'Eternel Dieu qui est le souverain créateur. Avant, je disais que le monde de Satan n'a pas été créé par Dieu. Il a fallu que j'aille à l'école pour comprendre ce qui se passe. Le monde qui se laisse influencer par Satan appartient bel et bien à Dieu et que rien n'échappe son contrôle. Cependant, lorsque quelque chose de mal arrive à quelqu'un, c'est pour que le nom de Dieu soit glorifié en cette personne. Si cette personne cherche Dieu de tout son cœur, alors il se laissera découvrir. Comme pour dire que tant qu'on est hors de la gloire de Dieu, l'on peut accuser son persécuteur. Une fois que Dieu attire la personne en Jésus, le langage change, et désormais l'on parle de : *cela m'est arrivé pour que le Seigneur Dieu me fasse connaître son fils pour que le salut se manifeste dans ma vie.*

*Un jour, j'étais avec mes cousins du village, nous venions de terminer une partie de défrichage des futurs champs. En prenant le repas que nos mamans nous réservaient après le travail, un de mes cousins dans un débat avoua qu'il est possédé d'une quatrième dimension occulte, et que pour lui, elle lui sert de voir ce qui se passe dans le monde occulte ; mais il n'y va jamais. En ce temps-là j'étais encore naïf et ne maitrisais pas encore ce qui se passe dans le monde des esprits. Dans son entrepreneuriat, il obtint un emploi dans le ministère des finances. Quelque temps après, l'on commençait à le soupçonner des détournements des deniers publics. Finalement, il fut emprisonné. Etant en prison, il a commencé à développer une série de furoncles où l'on déclara que : *quand il sera à son neuvième furoncle, il va décéder.* Et, c'est ce qui se produisit. Pendant ses funérailles, il fut dit qu'il avait négocié au trop fort son recrutement. Je n'avais toujours pas compris. C'est alors qu'une entité nous déclara que c'est son grand frère qui le connecta au réseau de recrutement et que c'est également ce cousin qui a lui-même également choisi sa loge d'élévation. J'ai enfin compris que son esprit est celui qui lui a permis d'entreprendre une telle négociation. Finalement c'est également cet esprit occulte (quatrième dimension) qui, selon son pacte a permis que son hôte respecte ses engagements. Durant le temps que ce cousin travaillait, personne ne pouvait approcher la cheville de son niveau de vie. Tellement il est allé vite, vite il est aussi tombé. Comme pour dire que ces esprits sont les gardiens du respect strict des pactes tissés par leurs hôtes.

*Dans les loges, ces esprits (anges déchus, démons) règnent en maîtres absolus pour tout genre de transaction. Rien de ce qui se fait dans le monde occulte ne se fait sans leurs griffes. Même quand un occultiste parle de "Je, ou du moi", ce sont ces esprits qui font tout ; puisque c'est un monde d'orgueil, la personne qui se tapote la poitrine désigne ces esprits par le "je ou le moi" et veut signifier que lui et ces esprits ne font qu'un. Comme pour dire qu'eux aussi sont comme l'est Jésus avec son Père.

Que se passe-t-il réellement dans le paranormal occulte ?

Dans le monde paranormal du monde occulte, toute personne qui décède dans ce monde est une victime du mensonge. Il n'y a aucune personne qui pratique les œuvres occultes qui en ressort saine, elles finissent toujours par rembourser ce qu'elles ont reçu comme assistance du monde occulte.

La Sanction de la désobéissance dans le paranormal occulte

Dans les œuvres de destructions et du prendre plaisir à faire du mal, pour parvenir à leurs fins, les services se payent toujours par le sang. Dans ce monde, lorsque chacun s'y engage, il est automatiquement notifié de l'année, le mois, la semaine, le jour et l'heure qu'il doit quitter le monde corporel. Dans ce monde, les démons, par le truchement de la hiérarchie, s'arrangent toujours à amener leur sujet à commettre une erreur fatale au moment où la personne est appelée à décéder. En fait, ces personnes sont déjà mortes spirituellement, elles n'attendent que le moment où elles vont décéder dans la chair puis subir un soi-disant enterrement.

Lorsque quelqu'un manque à son devoir, on lui dit qu'il a manqué du respect au chef : le prince (Lucifer). Si son démon est un peu tolérant, il reçoit l'avertissement ; dans le cas contraire, c'est le décès corporel. Lorsqu'une personne pareille décède, le corps que l'on voit avec les yeux naturels n'est pas vraiment celui de la victime. C'est une espèce d'enveloppe corporelle conçue préalablement pour la circonstance. Aussitôt le cérémonial du décès pratiqué, la personne est transportée sous la mer (mer rouge) en un tour de tierce seconde : les jambes attachées en l'air, la tête tournée vers le bas, il est vidé de tout son sang par son démon gardien qui le possédait. Le sang servira à faire fonctionner le royaume (le démon boit un peu pour sa survie et le reste est envoyé ailleurs pour d'autres utilités). La chair et les os quant à eux sont séchés pour fabriquer des poudres magiques que les charlatans, les guérisseurs occultes, les incantateurs et tous ceux qui leur ressemblent iront acheter pour les besoins de leurs laboratoires magiques. Ce sont ces poudres noires que ces occultistes utilisent pour faire des scarifications de blindage et d'autres traitements sur les corps des gens qui sollicitent leur secours. Ces potions sont des moyens par lesquels les traitants occultes introduisent les démons dans les corps des gens. La valeur de ces produits varie en fonction du grade et de l'influence que la victime jouissait dans le monde occulte. Si son influence était grande, son sang, ses os et sa chair seront aussi plus chers. C'est pour cela que certains traitants occultes diront que tel blindage coûte tel montant, tandis que l'autre coûte tel montant. Les personnes les plus victimes sont les femmes et les amoureux du luxe absolu.

Voyez, dans les produits de beauté pour femme, Satan s'arrange toujours à créer plus et à les faire consommer par les femmes. Quand Dieu dans Apocalypse parle de la grande étoile qui est tombée dans toutes les eaux et elles sont devenues amères, beaucoup de créatures des eaux moururent et voire des hommes, c'est parce qu'il sait qu'il y a des choses pas commodes qui s'y passent dans les eaux.

En effet, sous l'eau, il y a des choses incroyables qui s'y trouvent. Le dessous des eaux est habitable. On y trouve presque tout ce que le monde a en surface et voire plus que ce qu'il y a en surface. Il y a tout un monde qui regorge des officines de fabrication et d'invention de gammes de produits de beauté mis dans les marchés du monde corporel. Avant de les mettre en circulation, ces produits sont travaillés de façon à attirer les femmes faibles d'esprit. Ils prennent soin d'introduire d'abord les démons (esprits de charme) dans ces produits avant de les placer dans le marché. Toutes celles qui les achètent et les utiles sans Jésus et le Saint Esprit sont automatiquement infestées de ces démons. Ces démons ont pour rôle d'amener les utilisatrices à devenir accros à ces produits, même si ces produits détruisent leur corps, elles ne peuvent pas prendre conscience de cette destruction. Le phénomène de cancer de la peau qui est devenu monnaie courante dans le monde est dû en majeur partie à ces produits. Dans les pays occidentaux, le bronzage au soleil est un démon qui fait rage parmi les populations de race blanche. Je me pose souvent la question si c'est Dieu qui a mal choisit de faire naître quelqu'un sous les tropiques et l'autre sous les tempérés ? La destruction de la couleur de la peau est un démon qui séduit toute l'humanité ; surtout les acteurs et actrices du cinéma et les stars de musique.

Dans les officines pharmaceutiques, les malades ont chaud (langage familier de mon pays pour dire que ça fait du mal). Les produits pharmaceutiques exposés dans les rayons sont à tout moment truqués. Voici comment ça se passe. *Il y a certains occultistes qui ont pour rôle de sillonner les officines pharmaceutiques pour voir quels sont les produits les plus prisés. Une fois que les renseignements sont transmis, les officines de fabrication des produits pharmaceutiques se mettent à l'œuvre pour la fabrication des mêmes produits. Une fois fabriqués, les mêmes agents sous escortes des démons d'exécution des plans occultes, cette fois de manière invisible entrent dans les pharmacies et remplacent les bonsproduits par les produits de leur monde infestés des démons. Certains pharmaciens et pharmaciennes sont parfois leurs complices. Une fois que cela est fait, tout malade qui va utiliser ces produits, si ce n'est la puissante de Jésus dans sa vie, verra la maladie qui est en elle s'aggraver. Pourtant, avant la prise des médicaments, les médecins avaient déjà déclaré que l'état du malade n'était alarmant. C'est comme ça que décèdent plusieurs personnes, juste à cause des phénomènes paranormaux dont elles ont été victimes pendant que les médecins cherchaient à les soigner. Des personnes qui décèdent sous ces influences sont directement transportées dans les laboratoires occultes sous l'eau aussitôt qu'elles décèdent. Des personnes qui décèdent ainsi, avant que le dernier souffle ne soit rendu, des tuyaux spéciaux sont préalablement branchés sur elles pour les vider leur sang qui est recueilli directement dans des cuves spéciales apprêtées à cet effet. Le corps subit également les mêmes procédés de transfert. Avec le phénomène de la mode des morgues après le décès, les gens ont perdu la notion de bien identifier le mort qui est devant eux ; l'on se presse uniquement de transférer le corps à la morgue. Parfois les proches ne s'approchent même plus, ils laissent la charge à d'autres personnes qui ne connaissent rien du mort.

Je vous ouvre les oreilles spirituelles pour que vous connaissiez la différence entre la vie d'honneur et de gloire que vous donne le Saint Esprit par rapport à la vie de prison et de honte que vous propose Satan avec ses démons.

Le pouvoir culturelle

Une autre illusion des démons (anges déchus) sur les hommes. Ici, les hommes parlent des dieux. La domination dans les cercles culturels des hommes est toujours sujette d'une influence d'un esprit. Dans un clan, une ethnie, une entreprise, l'on dira les dieux, et c'est d'eux que les initiés reçoivent les messages transmis aux hommes. Le monde occulte est organisé à la manière que l'Eternel Dieu l'a fait avec Moïse. Moïse est celui qui va vers Dieu à la montagne pour recevoir les messages à transmettre au peuple. Dans les sociétés culturelles, la partie occulte est exercée par un groupe d'initiés qui consultent les dieux esprits de la part des hommes pour la marche à suivre. Ce qui est souvent incompréhensible est que dans ces groupes, il est rare de voir des personnes âgées décéder, toujours les jeunes. Malgré cela, les jeunes sont toujours convaincus que c'est Dieu qui a appliqué sa volonté ; ou que rien de pareil ne peut se produire sans le consentement de Dieu. A la naissance de ces associations, presque tout le monde est naïf, il y a vraiment du mouvement. S'il advienne qu'une personne prenne conscience des faits bizarres qui s'y passent à la longue, et s'il advienne également que les jeunes prennent du recul pour d'autres cieux ou fuient ce qui arrive dans l'association, ce n'est qu'à ce moment-là que les anciens commencent à décéder. Cela se produit selon mon analyse au fait que les jeunes ayant pris la poudre d'escampette, les anciens n'ont plus qui sacrifier aux dieux, alors le vide est comblé par leur propre vie. Ce qui montre que ces associations ne sont pas du fait d'élan de cœur, mais un moyen de domination occulte par livraison des âmes de Dieu à Satan. Dans mon pays, je veux dire là où je suis natif, ces associations n'ont plus tellement de force. J'ai entrepris de les démanteler. Dans deux régions de mon pays, elles ont ce que l'on appelle force sur le peuple. J'ai l'habitude de tirer leur attention sur le fait que, pendant une période de l'année, presque toutes les familles résidant en ville vont se rencontrer et tiennent des réunions dites "conseil de famille". A leur retour, il y a une autre période où uniquement ce sont presque les jeunes qu'ont transport les corps pour les enterrements. J'ai voyagé un temps dans l'une de ces régions pendant la période de funérailles. Mon Dieu ! C'était comme un rendez-vous des enterrements. Dans chaque village, il y avait un mort à enterrer. Parfois, dans un même village, il y avait jusqu'à trois deuils. A bien regarder et méditer, un homme averti spirituellement constatera que ce sont des sacrifices humains fait dons aux dieux de la tradition. Ceux qui sont les gardiens sont vraiment des personnes à ne pas négliger dans le domaine occulte. Leur parole fait office de foi non discutable ; et c'est ce rôle qu'ils jouent toute leur vie durant. J'ai eu un beau-frère de la caste des notables des cases sacrées. Ce monsieur est effroyable de vue. Tellement qu'il est gros, costaud et de grande taille. Le jour où j'ai assisté à la célébration d'un rite d'enterrement, et comme leur parterre était habillé en tenu d'apparat traditionnel pour la circonstance, il fallait voir la ventripotente qui se rivalisait pendant les tours de danse traditionnelle. C'est chacun qui rivalisait d'adresse dans la cour. Torses nus, habillés uniquement de gros caleçon, les cauris attachés aux bras et aux chevilles et les cymbales aux mains, les pas de danses s'harmonisaient aux rythmes du battement des tamtams et tambours. Culturellement, c'était bien. Spirituellement, c'était l'initiation à l'apprentissage des œuvres de l'occultisme. Une fois cette partie achevée, le successeur me fit appel et commença à me parler des crânes qui sont dans la chambre sacrée, et comment il connaissait tous les noms des différentes personnes qu'ils représentent. Dans son exhibition verbale, il a cru que je vais lui demander d'aller me le faire voir. Malgré son insistance, je n'ai pas cédé. Or à la veille, et durant le temps que j'ai fait dans le coin, j'avais déjà remarqué que toutes les jeunes femmes étaient presque des veuves ayant chacune à son actif deux enfants orphelins de père. J'ai finalement compris pourquoi les maris de ces femmes partaient de sitôt.

1- Les femmes étaient issues d'un même père de famille
2- Les beaux-fils décédaient après que les femmes aient accouché deux enfants
3- Il fallait à tout prix que je voie les crânes, ce qui implique que les autres ont nécessairement vu les crânes, d'où une alliance tissée au regard
4- Les beaux-fils ont servi de ravitaillement aux crânes
5- Le fait pour moi de pas être parti voir les crânes m'a préservé d'être une victime comme le furent les autres. C'est ce comportement qu'il faut observer envers ces gens. Je ne dis pas que je l'ai fait de moi-même, c'est le Saint Esprit qui me freinait de ne pas y aller. Quand je suis parti de-là, j'étais déjà victimes des visions cauchemaresques et des nutritions de nuit. Le fait de communiquer avec le monsieur responsable de ces choses a fait qu'une de leur semence pénètre mon système vital. Heureusement pour moi, une fois parti des lieux, le Saint Esprit par des prières a tout effacé.

Dans le monde spirituel, il n'y a pas d'individu neutre. Chaque personne est responsable de ce qui lui arrive et de ce qui se passe dans sa vie. Quelqu'un qui est victime des couches de nuit ou de nutritions de nuit ne peut accuser ; Dieu ne lui donnera raison.

Je vous ouvre les oreilles spirituelles pour que vous connaissiez la différence entre la vie d'honneur et de gloire que vous donne le Saint Esprit par rapport à la vie de prison et de honte que vous propose Satan avec ses démons.

Les possessions

Elles sont de plusieurs ordres, mais concourent à un seul but.

Autour des grandes écoles publiques (possession de masse)

Pour me prendre en charge et nourrir mes enfants, je fais dans la reprographie, l'édition et la production de documents. Etant installé dans l'enceinte d'un institut de renommée international, je me dois de m'efforcer d'être à la page en ce qui concerne la qualité des impressions. Un jour, un de mes amis employé de la structure vint me dire : Benoit, fait un effort, j'ai un frère qui vient d'ouvrir son entreprise aux environs de l'université, et en moins de six mois, son entreprise a déjà un envol bien remarquable. Cet employé est originaire de la même région que ceux qui sont autour des universités d'état. Il sait comment les frères de sa région s'enrichissent. Prenant la parole, je lui ai dit : *mon cher, je ne peux faire comme eux, je préfère marcher à l'allure que m'impose Dieu. Vendre mon âme pour des richesses conditionnées, non.* Je me suis mis à lui dire comment ça se passe chez eux pour s'enrichir. Que font-ils ?

C'est déplorant pour les parents d'enfants qui y vont. C'est un système bien organisé. En faisant le tour des campus, ce ne sont que les frères et les sœurs ressortissants de la même région. La majorité des natifs de cette région sont initiés dès leur naissance. Ils grandissent ainsi. Cet esprit répond à un seul critère qui est commun à tous les ressortissants du coin. Ce qui fait qu'ils sont capables de se mettre tous contre un. Pendant les rites de réveil pour la richesse, les adeptes ont pour devoir de sacrifier une partie de la vie (étoile) de tous ceux qui sollicitent leurs services. En retour, les prix de leurs services sont de coût dérisoire. Chaque étudiant qui entre dans leurs boutiques pour solliciter leurs services laisse une partie de sa vie par les empreintes déposées par les chaussures, l'odeur corporelles, et par le fait d'ouvrir la bouche et de solliciter leurs services. Chaque chef de boutique a pour rôle de rafler un brin de bénédiction de chaque étudiant qui entre dans sa boutique et le renvoie chez les dieux de leur tradition. Si l'un manque à son devoir, il est automatiquement notifié sous forme de menace. Comme Dieu est Dieu, je fus mis au courant de la manière suivante : je suis allé faire imprimer les documents d'appel d'offre, et le travail nous a pris assez de temps. Vers vingt-deux heures, les travaux d'impression prirent fin. Nous fîmes rentrer toutes les machines. S'attendant que le responsable ferme les portes de sa boutique, il s'est plutôt mis à chercher les clés de la porte. Nous nous sommes mis à chercher les clés (ses deux employés, lui et moi). Etant tous à l'intérieur, il n'y avait pas moyen pour lui de faire sa salle besogne. Comme poussé par quelque chose invisible, les deux employés sont sortis et allèrent se tenir à l'extérieur. A mon tour, le Saint Esprit me mis aussi à cœur de sortir puisque les autres l'ont fait. Dès que nous fûmes tous dehors, étant resté seul à l'intérieur, il déclara qu'il a retrouvé ses clés. Or, à l'endroit où il était placé, tous, avons passé et repassé à cet endroit. A ce moment il avait déjà terminé d'accomplir le rituel de transfert des données. Les conséquences de ces pratiques sont de manière à voler la vie des gens. Puisque ce sont les étudiants qui sont de grosses proies, à la fin des études d'un enfant, nanti de tous les diplômes nécessaires pour un emploi, les familles seront étonnées que leur enfant ne trouve pas d'emploi.

Je vous ouvre les oreilles spirituelles pour que vous connaissiez la différence entre la vie d'honneur et de gloire que vous donne le Saint Esprit par rapport à la vie de prison et de honte que vous propose Satan avec ses démons.

Création et prospérité des entreprises

Une autre illusion que les démons donnent aux hommes dans le monde. Avant que je ne connaisse la réalité sur Jésus, je lisais beaucoup les revus de commande des objets mystérieux venant d'un peu partout. Je me disais que je ne vais pas mourir étant pauvre. Il y avait des écrits comme : essai gratuit ; essai pendant trois mois, si non satisfait retourner l'offre à l'expéditeur ou abandonner sans danger. Je n'avais jamais su ce qui m'empêchait de ne toujours pas continuer jusqu'à la fin. C'est en Christ que j'ai compris celui qui m'empêchait de ne jamais aller jusqu'à la fin. Pendant que l'Eternel Dieu mettait tout en place tout autour de moi pour la naissance de mon entreprise, une personne, chef et créateur d'entreprise commençait à dégringoler du sommet pour la base jusqu'à tomber dans le néant. Le monsieur en question, très puissant, personne n'aurait jamais cru qu'il peut se retrouver à une position où il se mettait à quémander l'aumône.

En effet, lorsqu'il crée son entreprise, il le fait au moyen des pactes occultes où on lui demande de coucher avec sa mère physiquement au moins une fois par semaine. Il accepta le *deal*. Il fit tout pour envoûter sa maman en la possédant à tel point que celle-ci céda à la demande de son fils sans difficulté. Vraiment, c'est là que j'ai vu que ces esprits de la quatrième dimension diabolique sont extrêmement méchants. Ces esprits font toujours le contraire de ce que Dieu recommande dans sa loi. Durant la période de prospérité des affaires du monsieur, il n'y avait personne qui atteignait la hauteur de son talon d'Achille. Très riche et puissant par son agent, tout lui était permis. Il avait tout, selon ses désirs. Les employés, les voitures. En général ce fut un monsieur plein de vie. Un jour, comme tout a une fin, un brin de prise de conscience a effleuré sa maman et les démons utilisés pour la posséder et de la maintenir sous l'influence de son fils ont présenté une faille dans leur devoir ; ce qui devait arriver arriva. La maman du monsieur, fatiguée de ce que lui faisait subir son fils dévoila le secret ; et ce fut le début de la fin d'un cycle d'une vie d'abomination. Elle déclara que son fils lui disait que s'il ne couche pas avec elle, ses activités vont connaître une fin brusque et lui-même, son enfant allait décéder d'une mort très atroce et tragique. La mort atroce et tragique sont les mots clés qu'utilisait l'enfant pour convaincre sa maman. Beaucoup de cas sont comme tel à travers le monde. Lorsqu'un homme décide de violer sa fille en couchant avec elle, ce monsieur est à coup sûr un occultiste et il assouvit les recommandations de son maître.

*D'autres déclarent souvent que de telles personnes sont inconscientes et ignorent ce qu'elles font. Je réponds souvent qu'ils sont inexcusables, parce que Jésus sur la croix a ouvert les yeux de la conscience de chaque individu sur la terre. Si une personne pareille peut débattre et nier les œuvres de Jésus, ce qui veut également dire qu'elle connait que ce qu'elle fait n'est pas bien. Ces personnes, très influentes, finissent toujours dans une pauvreté inouïe.

Je vous ouvre les oreilles spirituelles pour que vous connaissiez la différence entre la vie d'honneur et de gloire que vous donne le Saint Esprit par rapport à la vie de prison et de honte que vous propose Satan avec ses démons.

La célébrité

Dans ma jeunesse, après l'abandon des classes, je me suis mis à faire beaucoup de petits métiers ; parmi lesquels la musique. Je suis allé au centre culturel français où j'ai pris les cours de solfège et de guitare. En trois mois, j'étais déjà à mesure de jouer à la guitare et de bien chanter en lisant sur une portée de musique. Je me suis engagé ensuite dans la vente des matériaux locaux de construction. Dans le milieu, j'ai fait la connaissance de plusieurs personnes. En mon jeune âge, j'étais beaucoup sollicité. Ayant parlé à l'un de mes projets de musique, il me mit en connexion avec son fils qui était aussi musicien. Le rendez-vous fut obtenu et je me suis rendu. A la troisième rencontre, il promit de m'amener quelque part où je vais voir comment les autres font pour évoluer. A ma grande surprise, il m'invita à prendre d'abord ce qu'il appelle dans le langage du milieu "la force". Je fus conduit dans le compartiment indiqué. Je fus pris du coup de vertiges à cause de l'odeur de fumé qui remplit la salle. Plus loin, des gens fumaient, et il me dit que c'est du chanvre indien ; il faut aussi en prendre et je te ferai voir la suite. Je suis allé m'assoir, il prit sa quantité et se mit à fumer. Je le regardai faire, puis il me tendit le mégot de la main droite. Je refusai. Puis il me dit : tu ne peux accéder à la gloire si tu ne commences par ceci.

Je vous ouvre les oreilles spirituelles pour que vous connaissiez la différence entre la vie d'honneur et de gloire que vous donne le Saint Esprit par rapport à la vie de prison et de honte que vous propose Satan avec ses démons.

La vie des couples

Lorsque Dieu dit que *"l'homme quittera son père et sa mère, et s'attachera à sa femme, et que l'on ne sépare pas ce que Dieu a uni"*, cette déclaration ne concerne pas uniquement les personnes de l'extérieure ; mais surtout celles qui sont au centre de l'action. Etant toujours à la quête d'une épouse, comme l'on dit dans le langage familier du pays : *j'étais moi ma chose tranquille,* une voisine m'aborda avec une la gentillesse pas possible, je me suis rapproché d'elle. Elle se présenta comme étant diaconesse d'église. Ses amies voisines se mirent à vanter ses mérites. Finalement je me suis décidé de me joindre à elle. Dans son langage, elle disait qu'elle a besoin d'un homme qui a la crainte de Dieu. Je fus directement séduit par ses paroles et de plus, je me suis dit qu'en tant que servante sur l'autel de Dieu, et vu son grade à l'église, elle est vraiment dans le mille de la foi. L'illusion fut très grande pour moi, car après un temps de marche, j'ai constaté que mes entreprises ont ralenti, les démons qui se sont éloignés de moi ont recommencé à m'approcher. Pis était que tous les plans que nous élaborions ensemble, **elle présageait toujours l'échec**. Finalement je me suis dit qu'il y a quelque chose qui ne va pas. En conclusion, je crois que c'est Dieu qui m'a amené auprès d'elle pour découvrir encore plus sur la quatrième dimension. N'ayant pas obtenu ce qu'elle voulait soutirer en moi, ou croyant déjà obtenu ce qu'elle voulait en moi, elle a cru être arrivée à ses fins. Il y a une chose que je dis souvent aux occultistes et au peuple de Dieu : c'est que Dieu dans son essence est incernable. Tous ceux qui lui confient leur vie entièrement, il leur donne également tout son entière protection.

Un problème de santé est survenu en nous où il fallait que tous deux soyions impliqués pour le traitement. Comme je l'ai dit, durant le temps que nous avons été ensemble, je suis retombé dans le manque financier. Etant consciente de cette situation, elle a entrepris de se soigner seule. J'ai continué à trainer la maladie en moi. Comme toujours, je me suis remis à prier contre le mal. Entre-temps, elle a rompu toute communication entre elle et moi. De mon côté, je continuais toujours à lui fournir son transfert d'unités de communication et ses frais de transport mensuel pour son taxi. Dans les prières, je ne faisais même fie de sa présence dans ma conscience. C'est alors que le Saint Esprit, par ses soupirs inexplicables me dévoila tout sur la vie de mon amie. Sans tarder, je suis allé la voir en me disant qu'il est temps de lui parler directement sur sa situation spirituelle. J'ai commencé par : *tu es diaconesse à l'église, comment se fait-il que tu sois arrivée à un grade pareil avec une telle charge négative en toi ? Ton pasteur, est-il réellement né de nouveau ? Tu fais partir de ceux que Jésus dira qu'il ne vous a jamais connu ! Ton diaconat, ce sont les dîmes et les offrandes ? ton pasteur a faim !* Continuant, je lui ai dit que : *tu es mariée à un esprit de quatrième dimension diabolique, cet esprit couche avec toi, c'est pour quoi tu as des couches et des nutritions de nuit. Tu es également consciente de cette situation. C'est pour cela que tu aimes beaucoup les caresses que des pénétrations. Cet esprit, puisqu'il vient vers toi sous forme de serpent, il passe le majeur temps à te caresser et à lécher ton corps. Lorsqu'il finit de te caresser, il introduit sa queue dans ton vagin et dépose son germe, en suite il te demande d'ouvrir ta bouche où il vomit une substance occulte gluante que tu avales également : c'est la mort qu'il dépose en toi. C'est cette mort qui te cause les myomes et les kystes qui sont dans tes trompes. En fait, tu ne peux pas concevoir parce que cet esprit ne peut te le permettre. Cet esprit est le totem d'un de tes chefs et ce chef impose à plusieurs d'entre vous ce traitement. Il est également le mari spiriituel de vous toutes qui avez accepté cet esclavage spirituel. Bref, tu acceptes ta destruction et tu te fais tuer à petit feu. Si à ton âge ta maman n'a pas encore eu à voir ton enfant, est-ce que c'est dans la tombe qu'elle le verra ? Le serviteur de Dieu que tu cherches, c'est pour offrir un sacrifice selon la qualité de référence demandée. Si c'est moi, tu as loupé.* Après avoir fini, je me suis levé, me retournant vers elle, je croyais qu'elle allait me dire de revenir pour une confession, elle est restée assise, tête baissée jusqu'à ce que je sois entré chez moi. C'est alors que j'ai compris qu'elle est consciente de ce qu'elle vit. Cette femme travaille dans un ministère à forte renommée dans mon pays, et occupe un poste qui la rapproche du chef de département. Il semble qu'il y a certaines appartenances occultes qu'il faut remplir pour être recruté et maintenu à certains postes. D'autre part, un de mes frères en Christ vint me parler de leurs problèmes de syndicat. Chemin faisant, je me mis à lui conter cette histoire où je lui avais dit que j'ai finalement trouvé la femme de ma vie après tous les déboires et déceptions que j'ai subies. Surpris, il me demanda si cette dame et moi habitons dans le quartier ? Je lui ai dit oui. Car disait-il, il y a aussi une dame qui habite dans le même quartier avec lui qui déclare avoir les mêmes problèmes et travaille aussi dans le même ministère et dans le même service. Pour elle, elle veut vraiment sortir de ce cercle occulte de ce ministère et avoir un homme pour sa vie, si oui se marier et avoir des enfants. Le serpent en léchant le corps de ces femmes emporte chez le titulaire physique toutes les bénédictions naturelles de ces femmes, puis les déverse dans le monde occulte pour son compte. Entre temps, c'est ce chef qui progresse en notoriété physiquement et spirituellement. Autant de destruction que font ces anges déchus ou encore démons ou esprits impurs. Déjà qu'ils ne se considèrent pas en tant qu'esprit impur.

Je vous ouvre les oreilles spirituelles pour que vous connaissiez la différence entre la vie d'honneur et de gloire que vous donne le Saint Esprit par rapport à la vie de prison et de honte que vous propose Satan avec ses démons.

Quelques indicateurs de présence de démon dans la vie de couple

Quand deux personnes vivent ensembles, il y a des paroles qui sont des signes et des points de repères qui montrent que le compagnon de vie présente des troubles : la possession.

- la femme ou le mari présente fréquemment des rejets envers son compagnon
- des énervements sans explication au moindre accrochage
- l'esprit de pardon ou de support de son compagnon n'existe plus
- le compagnon ne rend plus témoignage de son partenaire
- les heures de retour à la maison change : de tôt, elles deviennent très tard dans la soirée

- la femme n'est plus accueillante au retour de son mari du travail
- la mari n'embrasse plus sa femme à son retour du travail
- les petites causeries de très tôt le matin disparaissent
- les beaux-parents deviennent un objet de gêne pour le mari ou pour la femme
- dans le lit, les caresses changent et l'homme ou la femme se satisfassent non plus par amour, mais par obligation
- les attentes de joindre son compagnon dans le lit deviennent longues
- la femme ou le mari ne se contrôlent plus d'habillement avant de sortir pour le travail…

Dans ces comportements, ce sont les femmes qui sont celles qui en souffrent le plus, car, c'est elle qui a quitté la maison de ses parents pour rejoindre l'homme dans sa famille pour une vie de couple et de vie.

Je vous ouvre les oreilles spirituelles pour que vous connaissiez la différence entre la vie d'honneur et de gloire que vous donne le Saint Esprit par rapport à la vie de prison et de honte que vous propose Satan avec ses démons.

Quelques indicateurs de présence de démons dans la vie de chef d'entreprise (le chef d'entreprise est membre d'une secte pernicieuse)

- le chef d'entreprise ne veut jamais voir son employé acheter une voiture ou construire une maison
- le chef d'entreprise ne veut jamais respecter les droits des employés
- le chef d'entreprise impose une résistance farouche aux avantages des employés
- même s'il y a des de l'argent disponible pour le salaire des employés, il veut toujours brimer les employés en le payant en retard ; quand bien même il le fait, c'est à des heures tardives de la journée.
  J'ai même assisté à des payes qui commencent à dix-neuf heures pour finir à minuit. Non pas une fois, ni deux fois.
- Dans l'entreprise, les employés sont fréquemment victimes des accidents bizarres ; et c'est dans des circonstances pareilles que le chef d'entreprise montre toute sa magnanimité envers ses employés.
- Les employés vont remarquer que l'argent que leur donne l'employeur se volatile sans voir ce qu'ils font d'utile.
- A la maison, il passe rarement les fins de semaine avec son épouse et ses enfants.

Je vous ouvre les oreilles spirituelles pour que vous connaissiez la différence entre la vie d'honneur et de gloire que vous donne le Saint Esprit par rapport à la vie de prison et de honte que vous propose Satan avec ses démons.

Les Accros de la richesse matériel

Les accros de la richesse matériel sont ceux qui font le plus de sacrifices humains. Ce sont des personnes qui tuent les membres de leur famille sans vergogne. Ces personnes sont des machines à tuer. Ils boivent le sang humain, ils mangent également la chair humaine. Toutes ces choses sont des trophées qui restent dans leur ventre du côté droit et le lien se trouve au niveau de l'ombrine. Tandis que la force vient de la nuque ou du centre de la tête. Les influences sont dans les yeux. Elles ne sont jamais dotées d'un seul esprit. Ce sont des personnes qui peuvent être dans plusieurs endroits à la fois grâce à la multitude d'esprits qu'elles abritent. Ce sont des personnes pareilles qui sont difficiles à être délivrées. Elles présentent plusieurs points d'influence dans leur corps. Dans ces coins d'influences, elles ont des objets occultes introduits. La plupart sont des bagues et des poudres des personnes mortes de suite de désobéissance des ordres du maître de section. Malgré que Jésus parle de saluer tout le monde, il y a un degré d'onction qui obéit à cet ordre. Les salutations pour cette catégorie de personnes représentent une porte d'entrée dans la vie des victimes. Il y a des choses dont Jésus parle et qu'il ne faut pas que les gens non biens formés s'aventurent pour exercer ou appliquer. Par exemple l'application des phrases de la grande commission décrite dans :

Marc 16 : 15-18 ils saisiront des serpents ; s'ils boivent quelque breuvage mortel, ils ne leur feront point de mal ; ils imposeront les mains aux malades, et les malades, seront guéris…

C'est un langage auquel il faut faire attention. Dans les églises, lorsque les gens pareilles entrent pour l'imposition des mains, ce n'est pas pour vraiment vouloir l'imposition des mains, mais c'est pour soutirer l'onction des apprentis serviteurs mal affermis. Je disais donc qu'avec l'arsenal occulte que transporte les accros à la richesse matériel, ces gens entrent facilement dans la vie de leurs victimes et s'installent : ce sont ces gens qui transportent les anges déchus appelés "esprit méchant." Ils détruisent la vie de leurs victimes en vivant dans le corps de leur victime de manière à ce que la victime ne reçoive même plus un brin de chance dans sa vie.

Les Accros du sexe

Ce sont des esprits qui peuvent rendre leur hôte soit faible ou fort dans les rapports sexuels. Dans le cas d'un homme, il reçoit chaque nuit ou à des temps bien précis une visite d'un esprit qui prend la forme d'une femme. Une fois que cet homme fini d'avoir le rapport sexuel avec cette femme esprit qui est sa femme, il peut maintenant se sentir à l'aise. Ici, il lui est interdit d'avoir des relations amoureuses sérieuses avec les femmes physiques. Lorsqu'une femme est ciblée par un tel homme, il ne le fait pas de lui-même. Il est dirigé par les esprits qui le possèdent et en communication avec ceux-ci, ensemble ils accomplissent le forfait sur la femme. Dans ce cas, ce n'est vraiment pas la personne qui entretient les rapports sexuels avec la femme, ce sont les esprits qui l'habitent. Dans le cas d'espèce, ces esprits excitent la femme à un niveau qu'elle devient impossible d'oublier l'homme en question. C'est pour cela qu'il n'est pas souvent bon d'entreprendre les relations sexuelles hors mariage. Ces hommes sont capables d'aller jusqu'à boire le sang des menstrues d'une femme en la trompant qu'il l'aime plus que tout au le monde. Chez les femmes, elles vont souvent jusqu'à demander que l'homme éjacule dans sa bouche. Toutes ces pratiques sont pour avaler complètement leurs victimes. Apparemment, les personnes qui sont dans ce sciage de l'occultisme font souvent semblant de rejeter toute conversation concernant le sexe, or en fait, ce sont elles qui font très mal dans la société. Si vous rencontrez une telle personne, prenez la clé des champs à toute vitesse.

Toutes ces pratiques se rencontrent dans toutes les sociétés secrètes du monde. L'on ne peut dire qu'il est dans une société secrète sans qu'il n'ait au moins un esprit démoniaque en lui. Il y a certains qui y vont sans avoir un esprit démoniaque ; une fois qu'il accepte d'adhérer, la toute première chose à faire c'est d'être baptisé en recevant un esprit démoniaque qui lui est proposé. Une fois que le cérémoniel est exécuté, il devient membre participant de la société. Il n'y a personne qui ayant un esprit démonique qui soit incapable de faire du mal. Ces esprits, quel que soit le nom que leurs adeptes vont leur donner, sont toujours des esprits qui finissent toujours par faire du mal à l'être humain.

Je vous ouvre les oreilles spirituelles pour que vous connaissiez la différence entre la vie d'honneur et de gloire que vous donne le Saint Esprit par rapport à la vie de prison et de honte que vous propose Satan avec ses démons.

La divination : les moyens par lesquels l'on cherche à connaitre l'avenir par des moyens surnaturels en utilisant les démons.

Où Tout a commencé

Adam est celui qui a donné les noms aux animaux. Il connaissait très bien le serpent. Il connaissait également que Dieu a donné un interdit formel sur ce qui concerne le fort interdit dans le jardin d'Eden. Sa chute ne saurait être le fait de la femme qui était ses côtés. Avant qu'il n'ait de femme, il avait déjà envie de goûter au fruit de l'arbre. La femme n'a été qu'un moyen pour accomplir ce qu'il avait déjà planifié. Ce fut donc un péché avec préméditation. Le premier Adam ayant donc échoué, l'arbre qui portait la vie a donc été transmis à un homme : Jésus. Le mal actuellement est que, les gens sont dans l'église (en Jésus), mais ils n'ont pas la vie qui est en Jésus. Le Jardin d'Eden était vaste, mais Dieu a choisi le côté Est, et c'est là qu'il installe Adam. Géographiquement, selon les quatre points cardinaux, l'Est est le côté où le soleil se lève. Il était donc dans la lumière à tout moment. Cependant, tous n'acceptent pas quitter l'Ouest, le Nord, le Sud et rejoindre l'Est. Il y a même des gens qui sont en Jésus mais n'ont pas la vie de Jésus. Ce n'est pas tous ceux qui parlent de Jésus ou qui parlent de Dieu qui sont en Jésus. Lorsque je me mets à méditer sur le travail des gardiens de la tradition, je comprends que ces gens exploitent les jeunes pour maintenir les sévices de la tradition au détriment de ces mêmes jeunes qu'ils prétendent protéger. L'ensemble des enfants de ces gardiens de la tradition sont le plus souvent des dingues dans leur vie. Cela est dû au fait que leurs parents sacrifient leur intelligence à ces esprits qu'ils disent être les dieux de la tradition. Le pouvoir peut parfois donner la sagesse. Mais il y a une chose, le dragon (diable) qui donne toutes ces choses d'influences fini toujours par réclamer ses actions de grâce (sang) en guise de reconnaissance. De nos jours, les consciences étant renouvelées par la parole du réveil, l'on a pu déceler la face cachée des esprits de la quatrième dimension de Satan.

Fixation sur certaines appellations

Dans le langage spirituel, il y a une certaine confusion qui règne pour certaines appellations telles que : Satan et le diable ; sorcellerie et occultisme ; marabout, charlatan et guérisseur. Pour mieux comprendre ces mots, je vais essayer de les placer dans le contexte anthropologique. Parfois ce sont mêmes ces anthropologues qui placent mal ces mots ; ce qui veut dire que dans le domaine spirituel, il faut être présent dans le ministère pour mieux comprendre ces mots. Parfois, en plaçant ces mots là où il ne faut pas, les esprits ne réagissent pas. Bien placés, ils produisent des effets spectaculaires.

Satan, Diable

Satan est l'agent principal de la révolte ; et c'est lui qui est enchainé. Le diable est certes toujours Satan, mais sous forme de possession dans le corps d'un individu sous la forme d'un ange déchu ou démon. En esprit, les croyants en Jésus confessent l'unicité en lui. Ceux avec Satan font de même. En fait, Satan dans la vie d'un individu est appelé diable et fait un, avec cet individu. D'où l'appellation "le diable est en lui", qui n'est pas différent de Satan.

Sorcellerie et occultisme

D'intonation, l'on croirait que les deux mots ont une même signification. Il y a des mots que la littérature courante a traduit dans le contexte de l'appréhension littéraire. Avec l'évolution de certains courants parallèles à la littérature courante, certaines sciences ont vu le jour et ont permis de bien cadrer ces mots dans leur contexte étymologique. C'est le cas des mots : sorcellerie et occultisme.

La sorcellerie : en anthropologie spirituel, ce mot désigne le frottement des humeurs et de comportement des personnes vivant ensemble dans un espace bien défini. Elle se pratique au vu et au su de tous. Parfois, lorsque quelqu'un excelle dans un art, on lui attribue le mot de *sorcier de…* prenons par exemple l'attribut d'un joueur que l'on dit de *sorcier du ballon rond*. La personne est qualifiée de maîtrise de l'art du ballon ; elle fait des prouesses incroyables lorsqu'elle est en possession du ballon.

Occultisme : ici, la signification en langage littéraire courant comme en anthropologie est la même. C'est l'ensemble des pratiques qui se passent dans le monde métaformique. Ce monde est beaucoup caractérisé par le négatif et dont les effets physiques se ressentent par les victimes. C'est le monde invisible des anges déchus d'où l'appellation *d'esprits impurs des ténèbres ou démons*. Tous les anges déchus ont perdu la vie auprès de l'Eternel Dieu Yawéh le père de Jésus. La vie que Dieu dispense pour tous ceux qui sont sous sa gloire, cette vie ne pouvant plus être leur partage, et sachant qu'ils vivaient grâce au sang de Jésus, la rébellion les ayant privés du sang de Jésus, ces anges sont obligés de vivre du sang de leur hôte et du sang des êtres humains. Parfois, les animaux payent aussi un tribut quand le sang humain se fait rare.

Le monde occulte

C'est un monde de jungle où les plus faibles sont mangés par les plus forts. Le mot d'ordre est d'être toujours plus fort que mon semblable. Il n'y a pas de foi ou de loi établit. Chacun applique tous les moyens possibles lui permettant d'atteindre ses objectifs. En tant qu'analyste et étant à l'écoute des questions spirituel, c'est un monde de miettes. Les adeptes se contentent uniquement des richesses monétaires, des richesses matérielles et de la domination. L'élévation sublime dont parlent toujours les occultistes ne concerne pas l'élévation de l'âme qui est pourtant le clou de la doctrine de Jésus pour ses croyants. Le salut de l'âme importe peu. Le rabaissement est de telle sorte que la chair est victime des pactes tissés pour l'acquisition des biens mondains. Or en Jésus, lorsque ses disciples lui posent la question de savoir le sort qui leur est réservé après avoir tout abandonné. Il leur répondit : *il n'est personne qui ayant quitté sa famille, ses terres, et tous ses biens qui ne reçoive le centuple en ce siècle présent et la vie éternelle dans le siècle avenir.* Ce qui veut dire que la bénédiction qu'offre Jésus est faite des biens matériels et financiers de ce monde, de l'élévation et de tout ce que l'on désire et à cela s'ajoute le salut de l'âme.

Jean 14 : 23-31

14.23 *Jésus lui répondit : Si quelqu'un m'aime, il gardera ma parole, et mon Père l'aimera ; nous viendrons à lui, et nous ferons notre demeure chez lui.*

14.24 *Celui qui ne m'aime pas ne garde point mes paroles. Et la parole que vous entendez n'est pas de moi, mais du Père qui m'a envoyé.*

14.25 *Je vous ai dit ces choses pendant que je demeure avec vous.*

14.26 *Mais le consolateur, l'Esprit Saint, que le Père enverra en mon nom, vous enseignera toutes choses, et vous rappellera tout ce que je vous ai dit.*

14.27 *Je vous laisse la paix, je vous donne ma paix. Je ne vous donne pas comme le monde donne. **Que votre cœur ne se trouble point, et ne s'alarme point.***

14.28 *Vous avez entendu que je vous ai dit : Je m'en vais, et je reviens vers vous. Si vous m'aimiez, vous vous réjouiriez de ce que je vais au Père; car le Père est plus grand que moi.*

14.29 *Et maintenant je vous ai dit ces choses avant qu'elles arrivent, afin que, lorsqu'elles arriveront, vous croyiez.*

14.30 *Je ne parlerai plus guère avec vous; car le prince du monde vient. Il n'a rien en moi;*

14.31 *mais afin que le monde sache que j'aime le Père, et que j'agis selon l'ordre que le Père m'a donné, levez-vous, partons d'ici.*

Ces anges déchus ou démon et encore le malin, travaillent avec un fonctionnement de destruction. C'est l'être humain qui est ignorant. Leur maître donne un, et il redemande 10. La loi de 80 n'existe chez eux n'existe pas. Alors qu'avec le Saint Esprit, Jésus demande 1/10 et le Saint Esprit remet 80 à 100%.

Colossiens 2 : La mise en garde

2.8 Prenez garde que personne ne fasse de vous sa proie par la philosophie et par une vaine tromperie, s'appuyant sur la tradition des hommes, sur les rudiments du monde, et non sur Christ.

2.9 Car en lui habite corporellement toute la plénitude de la divinité.

2.10 Vous avez tout pleinement en lui, qui est le chef de toute domination et de toute autorité.

2.11 Et c'est en lui que vous avez été circoncis d'une circoncision que la main n'a pas faite, mais de la circoncision de Christ, qui consiste dans le dépouillement du corps de la chair:

2.12 ayant été ensevelis avec lui par le baptême, vous êtes aussi ressuscités en lui et avec lui, par la foi en la puissance de Dieu, qui l'a ressuscité des morts.

2.13 Vous qui étiez morts par vos offenses et par l'incirconcision de votre chair, il vous a rendus à la vie avec lui, en nous faisant grâce pour toutes nos offenses;

*2.14 **il a effacé l'acte dont les ordonnances nous condamnaient et qui subsistait contre nous, et il l'a détruit en le clouant à la croix;***

2.15 il a dépouillé les dominations et les autorités, et les a livrées publiquement en spectacle, en triomphant d'elles par la croix.

2.16 Que personne donc ne vous juge au sujet du manger ou du boire, ou au su jet d'une fête, d'une nouvelle lune, ou des sabbats:

2.17 c'était l'ombre des choses à venir, mais le corps est en Christ.

*2.18 **Qu'aucun homme, sous une apparence d'humilité et par un culte des anges, ne vous ravisse à son gré le prix de la course, tandis qu'il s'abandonne à ses visions et qu'il est enflé d'un vain orgueil par ses pensées charnelles,***

La Promesse

Le Rétablissement de l'Equilibre

Le monde vit un gouffre qui ne dit pas son nom. La vie des êtres humains est envoûtée par l'argent au point où la moralité a foutu le camp. Ce que les yeux voient n'est pas le reflet du dessous de vie que mènent les êtres humains. Le monde que Dieu a créé est profondément bouleverser par l'homme. Un homme ou une femme qui brasse les biens financiers ou matériels, à le voir, on lui donnerait tous les éloges ; cependant, en vérifiant le dessous de son élévation, on constate qu'il est bâti sur un gouffre qui un jour finira par l'engloutir. Je veux dire que ces personnes fondent leur élévation au moyen des vies volées. Même la santé que des pareilles personnes présentent, n'est vraiment pas la leur. Elles trichent également en s'appuyant sur les vies de leurs semblables. C'est pourquoi certaines personnes, hommes comme femmes peuvent avoir la volonté de se distinguer dans leur vie par leur dur labeur, mais ne parviennent pas. D'autres dans le cadre de la santé, malgré que certaines maladies soient déclarées curables par les médicaments produits par la science, ces maladies parviennent à présenter des résistances aux médicaments.

Dans le livre de Luc, la femme qui avait perdu beaucoup de sang, malgré les médecins consultés, il y a fallu que ce soit Jésus qui vienne mettre fin à sa peine. C'est cet équilibre que Jésus est venu remettre en place dans le monde au milieu des hommes et des femmes.

Genèse 1
1.1 Au commencement, Dieu créa les cieux et la terre.
1.2 La terre était informe et vide : il y avait des ténèbres à la surface de l'abîme, et l'esprit de Dieu se mouvait au-dessus des eaux.

Le monde sans la lumière est un lieu de déséquilibre et d'exploitation de l'homme par l'homme. Malgré tout ce que Dieu avait déjà commencé à faire dans l'Ancien Testament pour ramener l'homme à être au-dessus des séductions de son plus grand ennemi qu'est Satan, l'homme a été et est difficile à comprendre que tous ces biens faits de Dieu vont en sa faveur. L'être gagnant est non les anges, mais ceux qu'il a fait à son image : l'être humain. De la Genèse au livre Malachie, Dieu comblait le fossé qui existait entre la lumière (succès, réussite, l'abondance,... le salut) et les ténèbres (les malédictions, les échecs, ... la mort). Tout au long de ce parcourt, l'homme seul est au centre des préoccupations de Dieu. Evidemment, l'être vivant appelé "Homme" est tellement récalcitrant et difficile à se soumettre à la gloire de Dieu. Pourtant à portée de ses mains, il est incapable de la saisir.

Dès que les biens aimés vont lire ce livre, ils doivent déjà savoir que les richesses de leur père créateur sont déjà leur partage. Il ne suffit pas seulement d'y croire, mais aussi de changer d'habitues et de pensées. Tous les préalables sont déjà posés dans l'Ancien Testament, il suffit seulement d'être prêt à les appliquer. Avec la venue de Jésus, l'éternel Dieu rétablit non seulement l'équilibre entre le mal et le bien, la justice et l'injustice, la pauvreté et la richesse, la santé et la maladie, mais de plus merveilleux, Dieu met le bon au-dessus du mal et du mauvais avec le don sa gloire : le Saint Esprit.

Le Saint Esprit est donc celui qui vient mettre la différence parfaite entre les ténèbres et la lumière. C'est une arme qui combat toutes les adversités que peut rencontrer ses amis dans la vie quotidienne de leurs entreprises et projets de société. Spirituellement l'on est protégé.

A l'heure où je mets sous écrit ce livre, je vis une situation où mon bailleur refuse de prendre à cœur ses responsabilités. Cette situation nous a amenée auprès des autorités compétentes pour des cas pareils. Voyant qu'à chaque étape, je sortais toujours acquitter, il proposa avec son épouse de me faire assassiner d'abord physiquement. Mes enfants étant mis au courant par les révélations du Saint Esprit vinrent m'annoncer la nouvelle. Je leur ai dit que je n'ai pas peur des agressions physiques, ni des agressions à mains armées, quel que soit l'arme utilisée. Ils savaient l'heure à laquelle je quitte souvent ma maison. Je quitte toujours le chez moi à quatre heures du matin. Une semaine après, le jeune homme qui était déjà contacter de procéder à l'agression fut retrouvé mort, le corps sans vie au carrefour non loin de ma maison. Le Saint Esprit blinde et protège.

Passé cette étape, ils conclurent de contacter les hautes personnalités du monde occultistes pour m'infliger une mort mystique. Celui qui se présenta devant moi en esprit est le directeur de la banque mondiale du monde occulte.

En effet, ils sont allés proposer à cet esprit la vente de mon être ; en retour, celui-ci devrait leur donner une somme énorme d'argent. Le fameux monsieur vint devant moi en esprit avec l'apparence d'une personne de taille non négligeable. A la description initiale, c'est une personnalité dont le seul doigt de la main à la grosseur d'une hélice d'avion. Imaginer donc quel peut être sa stature. En compagnie de mon bailleur, il me dit qu'il me donne trois jours pour quitter les lieux. J'ai balancé ses paroles du revers de la main. Au troisième jour, mes enfants et moi avions tenu une séance de prière où le seul mot que nous prononcions pendant deux heures de temps fut : Jésus, Jésus, Jésus…, très surprenant, mais très efficace. A la fin, j'ai dit à Dieu qu'*Exode 3* soit appliqué à la maison de mon bailleur et de tous ceux qui sont impliqués.

Ces témoignages sont pour faire comprendre qu'avec Jésus, lorsque l'on est un fervent croyant, le Saint Esprit assure la protection de l'avant et de l'arrière garde. Même chose pour l'attirance et la réussite dans les entreprises. Une remarque pertinente est observée : lorsqu'un croyant ou une personne est sur le point d'être rehaussée financièrement au travers du Saint Esprit, Satan ne le laisse pas en paix. Il cherchera par tous les moyens de briser son élan. Que doit faire le croyant ou la personne laïque ? Elle doit tenir fort, car c'est un combat. C'est ici que l'on peut donc déclarer que : la vie est un combat.

Au-delà de l'Equilibre

Après le rétablissement de l'équilibre par Jésus, il ne s'est pas arrêté à ce stade. Il est allé au-delà de l'équilibre en donnant le Saint Esprit comme gage de sa présence parmi les hommes et les femmes. Il a donné le Saint Esprit pour que les hommes et les femmes qui vont croire en lui soient au-dessus des occultistes, au-dessus de ceux qui utilisent les anges et les démons pour se hisser au sommet de la chaîne de vie. Avec le Saint Esprit l'élévation est sur les sommets de la vie.

Les secrets de l'équilibre

Un jour, j'ai rencontré un occultiste, étant déjà oppressé par la non accomplissement de son vœu, il disait qu'il est pressé nuits et jours cause du déficit de sang et de poudre noir dans le monde occulte, et Satan leur demande plus qu'il n'en faut, s'il n'accomplit pas son vœux, il va être tué. Continuant la confession, il déclare que le monde a tellement demandé au monde occulte et il se trouve que le déficit cause de sérieux déséquilibre dans le monde occulte. Les gens ont reçu qu'ils n'ont remis. Le monde prie beaucoup surtout les chrétiens. Ils n'arrivent plus à donner les âmes comme il faut. Il faut qu'il y ait une catastrophe humanitaire pour que cela soit comblé. Satan ne veut plus l'argent, il veut le sang, la chair et les os. Pour y arrivé il ne veut même la guerre. La guerre à elle seule ne peut fournir ce que le monde occulte a besoin. Avant ce fut les jeunes, cette fois il voit que ce sont les personnes âgées qu'il va surtout prendre. C'était au mois d'Août 2019. Lorsque le corona 19 a apparu, je me suis rappelé de la confession de cette personne.

1 Pierre 1

1.2 Béni soit Dieu, le Père de notre Seigneur Jésus Christ, qui, selon sa grande
1.3 miséricorde, nous a régénérés, pour une espérance vivante, par la résurrection
de Jésus Christ d'entre les morts,
1.4 pour un héritage qui ne se peut ni corrompre, ni souiller, ni flétrir, lequel
vous est réservé dans les cieux,

Lorsque nous faisions le dernier cours de l'année académique, le professeur qui nous donnait le cours sur le livre de l'Apocalypse prononça une phrase que je n'ai pas avalée : *Apocalypse est un livre qui va s'accomplir après la résurrection.* Je me suis levé et je lui ai dit qu'Apocalypse veut dire révélations en Anglais. Ce qui veut dire que chacun recevra selon le piédestal qu'il aurait choisi dans la parole de Dieu et également pour ceux qui auraient refusé cette parole. Nous eûmes une chaude discussion, finalement je lui ai dit que les lettres aux églises sont écrites au présent.

L'envoi des quatre chevaliers se passe au présent et au passé simple de l'indicatif.
Le reste est au passé composé qui indique le sens du présent près.
Finalement nous ne nous entendîmes pas.
Lorsque je lis les versets écrits par Pierre dans sa première épitre, il ressort clairement que le bonheur des croyants et de ceux qui ont reçu le Saint Esprit est déjà là. La seule chose qu'il faille faire, c'est de leur apprendre comment matérialiser cette richesse dans leur vie ; et c'est ce que nous (le lecteur et moi) apprenons à faire dans toute cette partie du livre.

Miséricorde : la miséricorde de Dieu est mon partage, je rejette la condamnation

Régénéré : par le Saint Esprit, je suis régénéré

Une espérance vivante : la particularité de mon être par le Saint Esprit me garantit et met en moi la vie de Jésus

Résurrection : la résurrection de Jésus enlève de moi toute odeur de rejet et de mort. Moi qui étais rejeté, je suis une personne de sollicitude et d'écouté

Pour un héritage qui ne se peut ni corrompre, ni souiller, ni flétrir, lequel
vous est réservé dans les cieux : que toutes ces transformations s'opèrent en moi et que la fécondité de l'onction d'attraction pour le bonheur spirituel céleste se manifeste en moi en réalité palpable. Un bonheur que personne dans ce monde ne peut détourner de ma vie ni me l'arracher.

Médite et retiens bien ces versets, car ils te seront utiles pour la séance de prière à l'appel de l'argent, la fructification de l'argent, les biens matériels, la santé, la protection...

Révélation 5

5.12 Ils disaient d'une voix forte: L'agneau qui a été immolé est digne de recevoir la puissance, la richesse, la sagesse, la force, l'honneur, la gloire, et la louange.

5.13 Et toutes les créatures qui sont dans le ciel, sur la terre, sous la terre, sur la mer, et tout ce qui s'y trouve, je les entendis qui disaient: A celui qui est assis sur le trône, et à l'agneau, soient la louange, l'honneur, la gloire, et la force, aux siècles des siècles!

5.14 Et les quatre êtres vivants disaient: Amen! Et les vieillards se prosternèrent et adorèrent.

L'agneau qui a été immolé est digne de recevoir la puissance, la richesse, la sagesse, la force, l'honneur, la gloire, et la louange : puisque je suis en Jésus par le Saint Esprit, en tant que Agneau de Dieu et celui qui ouvre toutes les portes, toutes les portes qui m'étaient fermées doivent s'ouvrir ; les blocages et les échecs doivent tomber. Les attributs de l'Agneau de Dieu sont dès et déjà mon partage :

la puissance, *en moi ;*

la richesse, *en moi ;*

la sagesse, *en moi ;*

la force, *en moi ;*

l'honneur, *en moi ;*

la gloire, *en moi ;*

et la louange ; *en moi*
Ces paroles sont d'une réalité et d'une vérité extrême. Moi-même je les pratique et les rappelle à Dieu dans chacune de mes séances de prière pour la rehausse de mes entreprises.

Révélation 6
6.1 Je regardai, quand l'agneau ouvrit un des sept sceaux, et j'entendis l'un des quatre êtres vivants qui disait comme d'une voix de tonnerre: Viens.

6.2 Je regardai, et voici, parut un **cheval blanc. Celui qui le montait avait un arc; une couronne lui fut donnée, et il partit en vainqueur et pour vaincre.**

6.3 Quand il ouvrit le second sceau, j'entendis le second être vivant qui disait : Viens.

6.4 Et il sortit un autre **cheval roux. Celui qui le montait reçut le pouvoir d'enlever la paix de la terre, afin que les hommes s'égorgeassent les uns les autres; et une grande épée lui fut donnée.**

6.5 Quand il ouvrit le troisième sceau, j'entendis le troisième être vivant qui disait: Viens. Je regardai, et voici, **parut un cheval noir. Celui qui le montait tenait une balance dans sa main.**

6.6 Et j'entendis au milieu des quatre êtres vivants une voix qui disait : Une mesure de blé pour un denier, et trois mesures d'orge pour un denier; **mais ne fais point de mal à l'huile et au vin.**

6.7 Quand il ouvrit le quatrième sceau, j'entendis la voix du quatrième être vivant qui disait: Viens.

6.8 Je regardai, et voici, **parut un cheval d'une couleur pâle. Celui qui le montait se nommait la mort, et le séjour des morts l'accompagnait. Le pouvoir leur fut donné sur le quart de la terre, pour faire périr les hommes par l'épée, par la famine, par la mortalité, et par les bêtes sauvages de la terre.**

Ces versets démontrent que le croyant doit savoir et accepter que les quatre chevaliers qui font la guerre tout autour de lui, pour combattre, vaincre, détruire et tuer tous ceux qui s'opposent à la gloire de l'Agneau de Dieu sa vie. Ceux-là, il peut les invoquer, car, il connait leur rôle et mission.

Révélation 7

7.4 Et j'entendis le nombre de ceux qui avaient été marqués du sceau, cent quarante-quatre mille, de toutes les tribus des fils d'Israël:

7.5 de la tribu de Juda, douze mille marqués du sceau; de la tribu de Ruben, douze mille; de la tribu de Gad, douze mille;

7.6 de la tribu d'Aser, douze mille; de la tribu de Nephthali, douze mille; de la tribu de Manassé, douze mille;

7.7 de la tribu de Siméon, douze mille; de la tribu de Lévi, douze mille; de la tribu d'Issacar, douze mille;

7.8 de la tribu de Zabulon, douze mille; de la tribu de Joseph, douze mille; de la tribu de Benjamin, douze mille marqués du sceau.

Invoque les douze mille de chaque tribut d'Israël dans tes prières (Israël veut dire peuple de vainqueur ; et non Israël le pays). Ce sont des personnes que le Saint Esprit seul connait comment les toucher pour le succès dans et les victoires dans la vie du croyant.

Révélation 7

8.7 Le premier sonna de la trompette. Et il y eut de la grêle et du feu mêlés de sang, qui furent jetés sur la terre; et le tiers de la terre fut brûlé, et le tiers des arbres fut brûlé, et toute herbe verte fut brûlée.

Demandez à l'Agneau de Dieu de jeter le feu sur la terre, surtout dans le camp de tous ceux qui combattent pour que la gloire de Dieu ne soit totale dans votre vie et dans vos entreprises. Qu'il y ait de la grêle et du feu mêlés au sang. Que tout soit brûlé dans le camp de l'ennemi jusqu'à ses armes.

Révélation 8

8.11 Le nom de cette étoile est Absinthe; et le tiers des eaux fut changé en absinthe, et beaucoup d'hommes moururent par les eaux, parce qu'elles étaient devenues amères.

 Demandez à l'Agneau de Dieu de jeter l'*absinthe* (poison amère) dans les eaux de boisson de tous ceux qui sont contre la gloire de Dieu dans votre vie et dans vos entreprises.

Révélation 9

9.14 et disant au sixième ange qui avait la trompette: Délie les quatre anges qui sont liés sur le grand fleuve d'Euphrate.

9.15 Et les quatre anges qui étaient prêts pour l'heure, le jour, le mois et l'année, furent déliés afin qu'ils tuassent le tiers des hommes.

9.16 Le nombre des cavaliers de l'armée était de deux myriades de myriades: j'en entendis le nombre.

9.17 Et ainsi je vis les chevaux dans la vision, et ceux qui les montaient, ayant des cuirasses couleur de feu, d'hyacinthe, et de soufre. Les têtes des chevaux étaient comme des têtes de lions; et de leurs bouches il sortait du feu, de la fumée, et du soufre.

9.18 Le tiers des hommes fut tué par ces trois fléaux, par le feu, par la fumée, et par le soufre, qui sortaient de leurs bouches.

9.19 Car le pouvoir des chevaux était dans leurs bouches et dans leurs queues; leurs queues étaient semblables à des serpents ayant des têtes, et c'est avec elles qu'ils faisaient du mal.

En fin, demande à l'Agneau de Dieu de libérez les quatre anges qui sont sur le grand fleuve d'Euphrate (l'univers) et que la guerre commence. Ces quatre anges sont les quatre chevaliers qui sont partis en vainqueurs pour vaincre, et que cette victoire s'accomplisse dans ta vie. Il n'est donc pas question que les ennemis de la gloire de Dieu dans ta vie ne puissent pas être défaits et tués et enterrés. Tu dois être vainqueur sur tous les plans de ta vie : finance, entrepreneuriat, matériel, influence, domination, multiplication, assujettissant, santé, protection… je peux vous rassurer que moi je fais mal dans le camp de l'ennemi en ce qui concerne l'accomplissement de la gloire de Dieu dans ma vie. Tout ce que je vous donne dans ce livre, je le vis et le pratique. Je l'enseigne aussi à tous mes enfants : filles comme garçons.

Les figures combinées des figures de prières de combat, de succès et de protection et tout ce qu'on désir voir s'accomplir dans sa vie

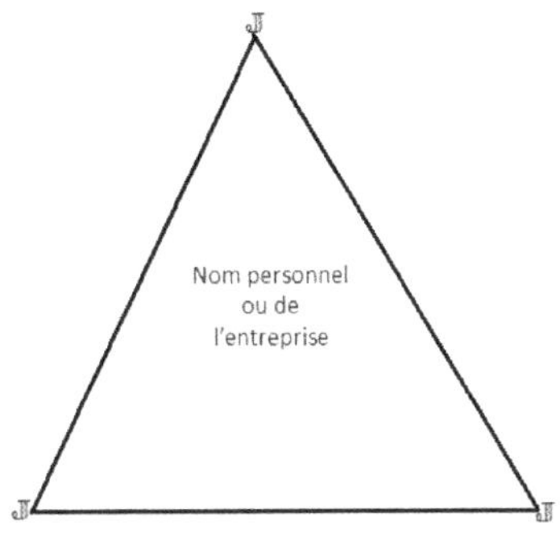

La trilogie de Jésus

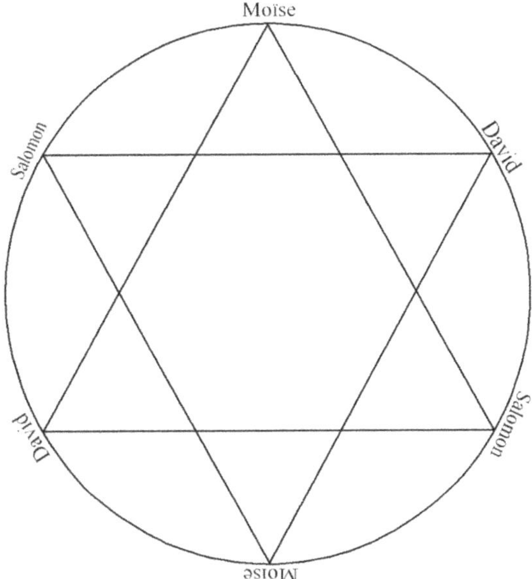

L'étoile (porte bonheur) de David partiellement annotée

Le quatuor des êtres vivants du trône de gloire

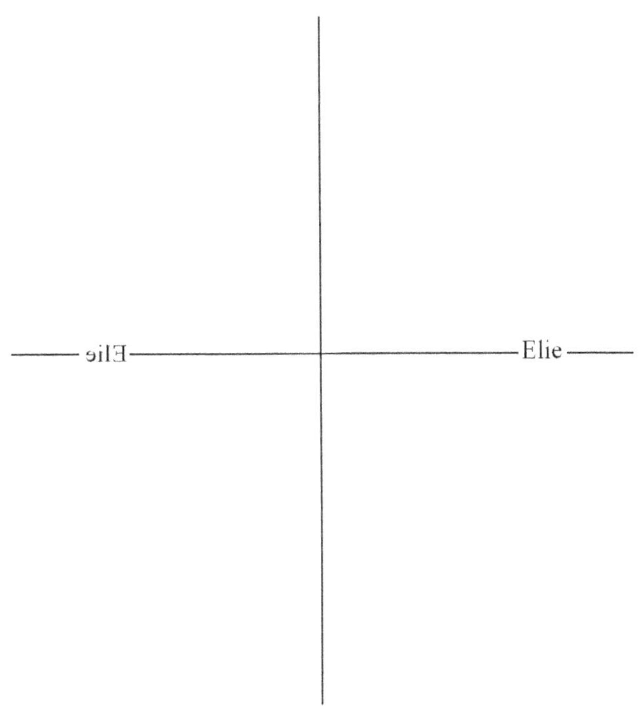

Axe portant Elie, Eternel des Armées, L'agneau de Dieu

Tous ces graphes doivent s'emboiter et donner et un
trioquadriexapentagonecerclipe spirituel de prières

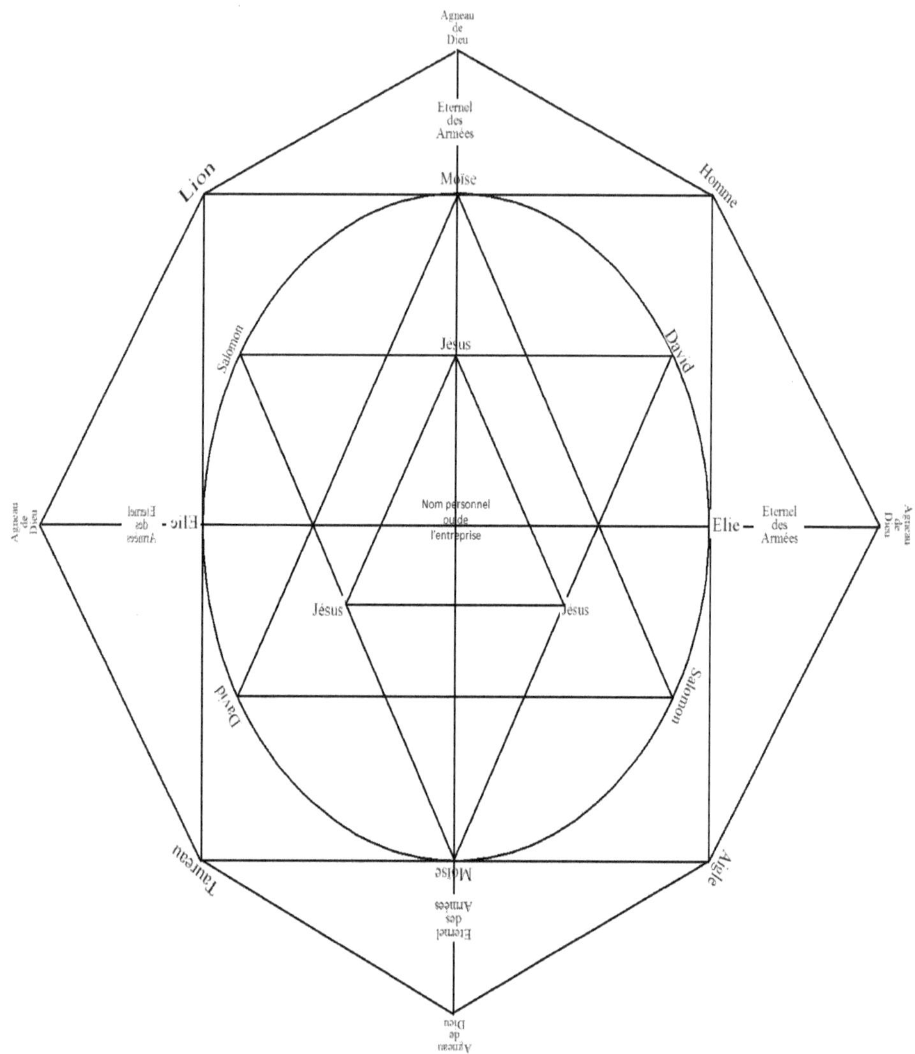

Trioquadriexapentagonecerclipe spirituel de prières dans sa forme simplifiée

Ce qui veut dire que plusieurs noms des patriarches de l'Ancien Testament peuvent également y figurer, pourvu que l'on connaisse exactement leur profil décrit dans la bible tels que : Moïse, Elie, David, Ester, Elisée, Daniel, Josué, Jephté, Samuel, Joseph, Isaac… Dans le Nouveau Testament, surtout dans Apocalypse : Les Quatre êtres vivants, les quatre chevaliers, les sept esprits de Dieu, les sept esprits de l'Agneau de Dieu, les vingt-quatre Anciens du trône de grâce, les douze mille de chaque tribut d'Israël, les quatre combattants déliés du fleuve de l'Euphrate (l'univers). Tous les noms utilisés sont des références des exploits et les rehausses de la vie de ces personnages que l'on invoque en soit pour que le même esprit de réussite que l'Eternel à pourvu à chacun d'eux pendant leur existence sur la terre soit accordé au croyant qui prie pour ses entreprises, pour le combat spirituel, pour les ouvertures dans les affaires et…

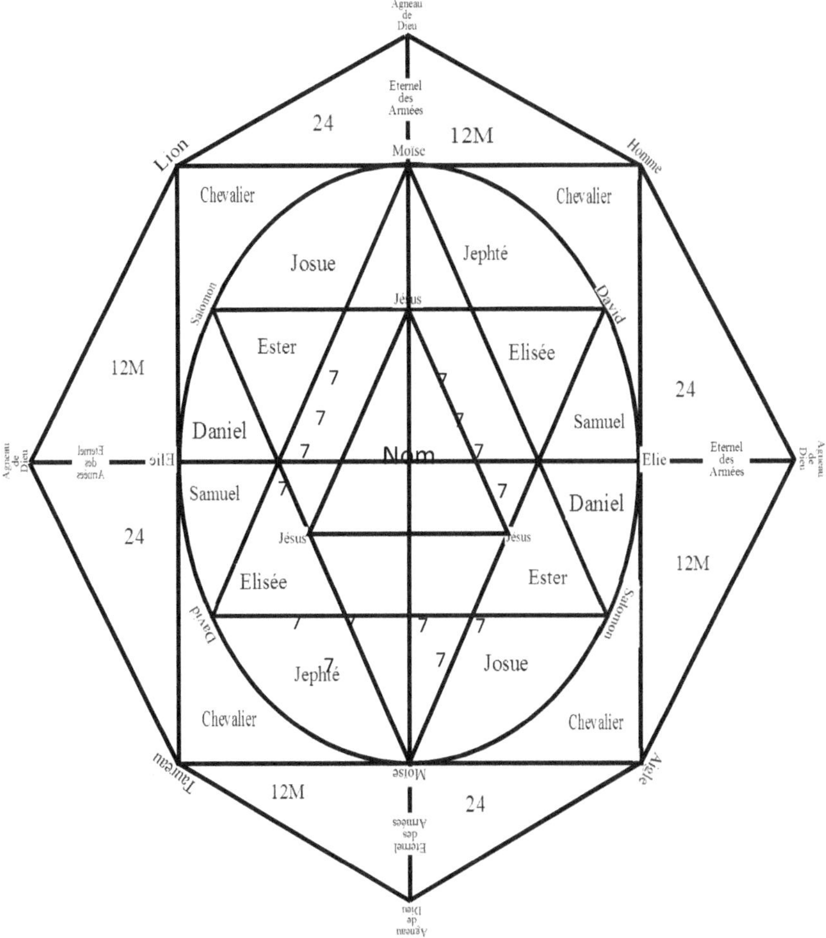

<u>Trioquadriexapentagonecerclipeorthogonale spirituel de prières dans sa forme complexe</u>

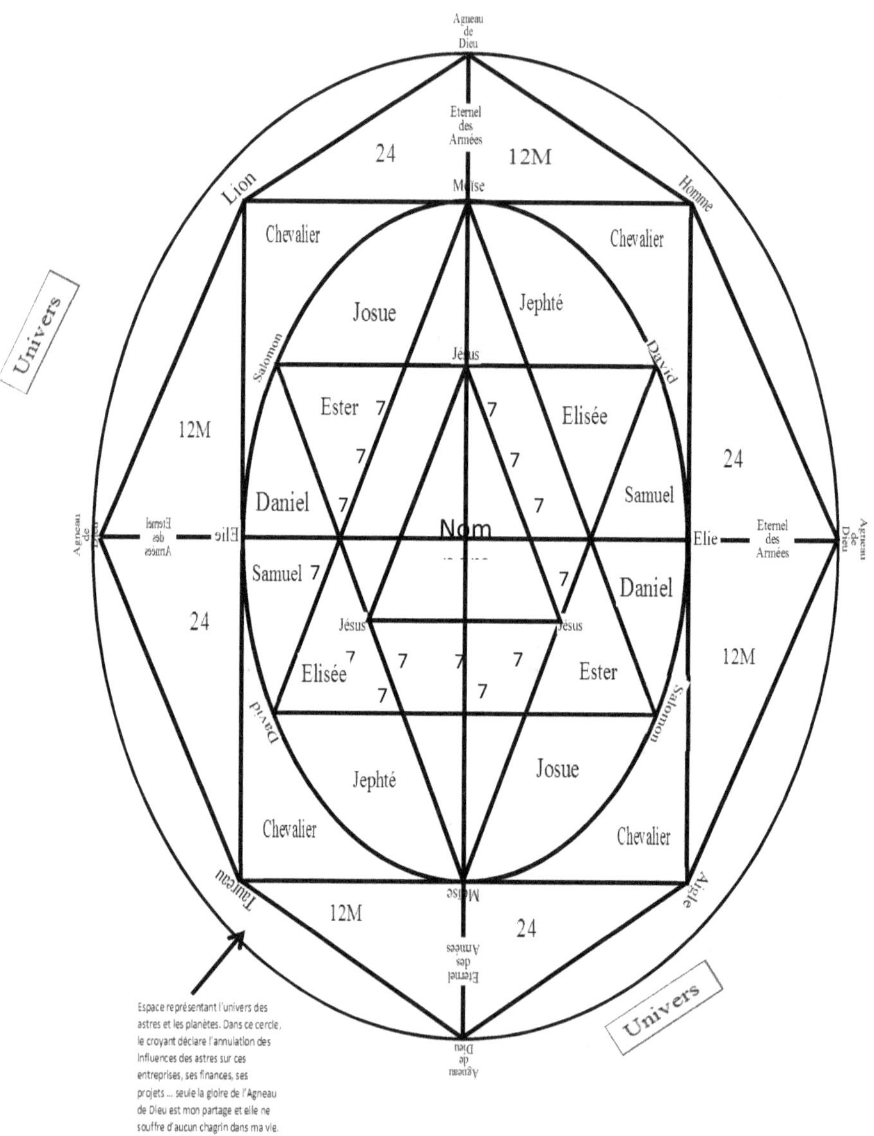

Ordonner que tous les satellites et astres tournés dans ta vie pour t'espionner et qui introduisent les ondes de malheur dans ta vie soient renversés et que les mêmes ondes de malheur descendent dans la vie de l'émetteur

NB : dans ces prières l'on ordonne

En entrant dans les diagrammes géométriques spirituelles, rassurer vous que l'on est sans reproche. S'il arrive qu'il soit ainsi, faite une repentance sincère et abandonner les faits reprochés ; c'est à lors que votre prière donnera des résultats merveilleux. Le Saint Esprit vous élèvera jusqu'à l'état de la transfiguration.

Sur ces diagrammes spirituels, le Saint Esprit est la marque de sainteté de Dieu, l'expression de la garde et de la veillance sur toute personne qui utilise ce diagramme. Une fois que le Saint Esprit finit de débarrasser son ami des impuretés, il procède à la restauration, à la sanctification, à l'illumination de son ami ; c'est alors que l'élévation commence. Elle ne s'arrêtera que lorsque son ami atteindra l'état sublimé de l'être appelé Jésus. Une chose est certaine, la bénédiction est supérieure à la malédiction. La santé est supérieure à la maladie. La réussite est supérieure à l'échec. La délivrance est supérieure à la captivité et beaucoup d'autres choses que peut désirer le croyant pour son bien-être. Lorsque toutes ces conditions descendent dans la vie du croyant, la malédiction fiche le camp. La personne est protégée et blindée contre tout genre de sortilège, ses entreprises prospèrent, le Saint Esprit lui parle de tout, surtout ce qui concerne son ami, sa famille, ses collègues, ses collaborateurs ainsi que ses entreprises.

Tout ce que l'on désire dans sa vie se passe dans ces figures géométriques spirituelles. Bien penser sur tout ce que l'on veut voir se réaliser dans chaque domaine de sa vie. J'ai pendant ma jeunesse pratiqué les arts martiaux. Durant mon parcourt, j'ai été victime de plusieurs entorses et déboitement des os. A la fin de ma carrière sportive, et avec l'âge, plusieurs de ses maux ont refait surface. J'ai pris tout genre de baume, je me suis fait onctionner par toute sorte d'huile rare, je ne trouvais toujours pas le soulagement. J'avais même de la peine à laver mes habits avec tous ce que je ressentais au niveau des articulations.

Le Règne du Saint Esprit en Action

Comme dans chaque livre que j'écris, avant de le faire publier, je m'exerce d'abord à appliquer ce que j'écris sur moi-même. Lorsque j'ai achevé de faire le montage de figures géométriques spirituelles, je suis reparti acheter les écorces antibiotiques naturelles, je me suis mis à me les administrer en entrant dans les figures géométriques spirituelles. A ma grande surprise, quand j'ai recommencé à laver mes habits avec mes mains, ayant mis long à faire la lessive, ma fille fut étonnée de me voir tenir pendant plus de quatre heures de temps. Moi-même je fus surpris de travailler ainsi sans ressentir mal sur un seul de mes membres. A l'heure actuel, je continue à travailler pour trouver la solution au mal des yeux ; et je sais grâce à la gloire de Dieu, je vais y arriver et partager également ces merveilles avec chacun de vous les biens aimés.

Les figures géométriques spirituelles varient en noms en fonction de la connaissance du croyant. Ne jamais mettre les noms des anges, ils n'auront aucun effet, car l'on ne connait le rôle des anges. On peut entrer par tous les côtés. C'est une question divine sainte concernant et ayant l'Agneau de Dieu pour centre d'intérêt. Pour plus d'actions pratiques, les croyants peuvent se faire dessiner ces figures spirituelles sur une natte ou sur un tapis qu'ils utiliseront au moment des prières. Ils pourront même les transporter partout où ils s'y rendront. Pour celui qui peut les mémoriser et les dessiner à tout vent, pas de problème ; moi-même je les dessine partout où il faut que prie.

Le Saint Esprit est le protecteur et le matérialisant des vœux et souhaits du croyant. La réalité des prières faites par le croyant à l'intérieure des figures géométriques spirituelle réunies est que, le croyant dans ces figures réunies va d'abord subir une purification forcée. Qu'il n'ait pas peur d'être secoué les premiers jours. L'être humain est devant Dieu comme une terre qu'il faut ensemencer lorsqu'on fait une demande de bénédiction. Une terre sur laquelle il faut ensemencer est d'abord débarrassée de toute saleté : défrichage, nettoyage, si oui bruler l'herbe sèche ou l'enterrer. Ce processus se pratique pour chaque type de bénédiction sollicitée par le croyant. Chaque bénédiction demandée fera donc l'objet d'une purification spéciale : c'est dans ce cas que l'on parlera de suivi spirituel. Plus la sollicitude est grande, plus la purification secouera le croyant. La bénédiction devra prendre effet sur une personne dont l'état moral, spirituel et corporel vont se marier à la manifestation de son désir surnaturel. Le rôle du Saint Esprit dans le processus est d'amener et de mettre le croyant en condition de fécondité pour la bénédiction sollicitée. La bénédiction se ressent, la bénédiction se vit.
Comment la ressentir ou la vivre ?

Tout commence à changer tout autour de soi. L'on vit un bouleversement dans sa vie. Certaines choses se mettent en place seules, soit par soi-même, soit par le concours des gens que le Saint Esprit dispose. Le monde commence à s'ouvrir grandement devant soi : le début de la prospérité à outrance. L'*instopabilité* devient un vécu réel.

Dans mes recherches, j'ai appris à ne pas me cantonner pour une Assemblée locale ou une dénomination quelconque. J'ai appris à prendre tout ce qui rend une personne très apte et très utile dans le champ de Dieu. Pour y parvenir, je fais une association des faits révélés bibliques et lesdits des expériences des autres. Dans ces figures, ceux qui utilisent les chapelets peuvent le faire. Ceux qui parlent de bouche avec insistance peuvent le faire. Ceux qui récitent peuvent le faire. Ceux qui parlent en langue de feu peuvent le faire. Ceux qui n'ont qu'une parole peuvent également le faire.

Voici comment je m'y prends souvent :
*Je commence par rendre grâce en donnant gloire à Dieu et à son règne.
*Je confesse, ou je dis le Psaume 51
*Je demande le recouvrement de tout l'univers par le sang de Jésus, particulièrement le lieu où je suis.
*j'invoque tous les noms bibliques qui j'ai écrit dans les figures de s'incarner en moi,
*je demande que par le Saint Esprit, les qualités et les exploits de tous ces personnages soient mon partage selon que le Saint Esprit de manière spécial qu'il descendait et se manifesté en chacun d'eux. Qu'ils agissent en moi par une incarnation spéciale. Ce n'est qu'après cela que je donne mes intentions particulières. Je continue en disant que : tous ceux qui s'opposent à cette gloire de Dieu dans ma vie décèdent et soient enterrés (comme les armées de pharaon). Ainsi, je prends mon chapelet confectionné de sept chapelet réunis et je m'appuis sur des mots tels que : Que tous les astres d'horoscope et planètes tournés vers moi pour espionner ma vie et pour émettre des ondes négatives dans ma vie et dans mes entreprises, mes finances soient renversés et retournés vers les émetteurs de ces choses, et qu'ils produisent les mêmes effets sur eux au centuple en amour inconditionnel.

*Le feu, le feu, le feu,…
*Je tue, je tue, je tue,…
*Donne-moi l'argent, donne-moi l'argent,…
*Donne-moi les marchés selon ma profession…
*Jésus, Jésus, Jésus,…
*Saint Esprit descend sur moi, Saint Esprit descend sur moi
*Eternel Dieu descend sur moi et tue-les, Agneau de Dieu descend sur moi et tue-les, Esprit de feu descend sur moi et tue-les…
Toutes ces prières permettent de chasser loin du croyant les peines et les souffrances ou encore les causeurs de troubles, puis ouvrent les voies de la guérison physique, la guérison spirituelle et la guérison financière et matérielle du croyant.
L'entrée se fait par les côtés et les positions dépendent de chacun. L'essentiel, c'est d'être entièrement à l'intérieur.
En cas de longue prière (deux à trois heures de temps), se munir d'un mini banc ou d'un tabouret. S'il vous plait, ne lessivez pas sur les mots pendant vos prières.

Les vendredi sont pour moi les jours de grandes et longues prières (06h de temps).

Bénédictions et développement de l'arche de l'Eternel Dieu par le sang de Jésus pour soi et pour ses entreprises

(A mettre dans les bains pour attractions des faveurs financières)
Achetez le produit de la vigne de couleur rouge, ouvre la bouteille et développez-le par des prières que vous inspire les paroles bibliques et les vôtres en particulier. Ne te dis pas que c'est le pasteur ou le prêtre ou encore une personnalité quelconque, ministre du culte qui devrait venir le faire pour toi. A partir de ce jour, je te transmets l'autorité de pouvoir le faire et reçois cette autorité, au nom de Jésus.

Exemples :

On commence par : Seigneur Jésus, je te bénis à cause de produit de la vigne que tu as voulu bien donner aux hommes pour les besoins de la démonstration de ta puissance victorieuse sur le monde et ses sévices. Je te prie d'écouter les paroles de bénédiction de consécration que je vais prononcer dessus afin de le rendre en arche de l'alliance de succès et de puissance financière dans ma vie et dans mes entreprises.

Matthieu 14 : 22-29

14.22 Aussitôt après, il obligea les disciples à monter dans la barque et à passer avant lui de l'autre côté, pendant qu'il renverrait la foule.

14.23 Quand il l'eut renvoyée, il monta sur la montagne, pour prier à l'écart; et, comme le soir était venu, il était là seul.

14.24 La barque, déjà au milieu de la mer, était battue par les flots; car le vent était contraire.

14.25 A la quatrième veille de la nuit, Jésus alla vers eux, marchant sur la mer.

14.26 Quand les disciples le virent marcher sur la mer, ils furent troublés, et dirent: C'est un fantôme! Et, dans leur frayeur, ils poussèrent des cris.

14.27 Jésus leur dit aussitôt: Rassurez-vous, c'est moi; n'ayez pas peur!

14.28 Pierre lui répondit: Seigneur, si c'est toi, ordonne que j'aille vers toi sur Les eaux.

14.29 Et il dit: Viens! Pierre sortit de la barque, et marcha sur les eaux, pour aller vers Jésus.

NB :(la mer représente le monde des affaires dans lequel on évolue)
Que ces paroles de l'évangile soient appliquées dans ce produit de la vigne, en permette à Jésus de marcher contre tous ceux qui sont contre sa gloire parfaite dans ma vie et dans mes entreprises. Contre tous ceux qui limitent les moyens financiers

dans mes entreprises et dans mes poches. Par l'action de Pierre, que je puisse marcher dans ce monde en écrasant tout opposition à mon épanouissement total.

Matthieu 17

17.1 Six jours après, Jésus prit avec lui Pierre, Jacques, et Jean, son frère, et il les conduisit à l'écart sur une haute montagne.

17.2 Il fut transfiguré devant eux; son visage resplendit comme le soleil, et ses vêtements devinrent blancs comme la lumière.

17.3 Et voici, Moïse et Élie leur apparurent, s'entretenant avec lui.

17.4 Pierre, prenant la parole, dit à Jésus: Seigneur, il est bon que nous soyons ici; si tu le veux, je dresserai ici trois tentes, une pour toi, une pour Moïse, et une pour Élie.

17.5 Comme il parlait encore, une nuée lumineuse les couvrit. Et voici, une voix fit entendre de la nuée ces paroles: Celui-ci est mon Fils bien-aimé, en qui j'ai mis toute mon affection: écoutez-le!

Que ces paroles de l'évangile soient appliquées dans ce produit de la vigne, et que mes entreprises et moi-même soyons élevées au sommet de ce monde avec des scores de ventes et de prestations inégalables tout autour de moi.

Marc 4

4.21 Il leur dit encore: Apporte-t-on la lampe pour la mettre sous le boisseau, ou sous le lit? N'est-ce pas pour la mettre sur le chandelier?

4.22 Car il n'est rien de caché qui ne doive être découvert, rien de secret qui ne doive être mis au jour.

Jésus, place toujours mes entreprises et moi-même au-dessus de toute concurrence et attire tous les clients relatifs aux besoins de mes services. Que ces paroles de l'évangile soient appliquées dans ce produit de la vigne.

1 Samuel 16

16.12 Isaï l'envoya chercher. Or il était blond, avec de beaux yeux et une belle figure. L'Éternel dit à Samuel: Lève-toi, oins-le, car c'est lui!

16.13 Samuel prit la corne d'huile, et l'oignit au milieu de ses frères. L'esprit de l'Éternel saisit David, à partir de ce jour et dans la suite. Samuel se leva, et s'en alla à Rama.

Que ces paroles de l'évangile soient appliquées dans ce produit de la vigne, et qu'au moment que je vais me laver avec ce produit de la vigne, que l'Esprit de Jésus, en tant qu'esprit de combat et de victoire se saisisse de moi et ne reparte point de ma vie ni de mes entreprises.

2 Chroniques 1

1.15 Le roi rendit l'argent et l'or aussi communs à Jérusalem que les pierres, et les cèdres aussi communs que les sycomores qui croissent dans la plaine.

1.16 C'était de l'Égypte que Salomon tirait ses chevaux; une caravane de marchands du roi allait les chercher par troupes à un prix fixe;

Que cette parole de l'évangile s'applique dans ce produit de la vigne, et que dès aujourd'hui, l'argent soit entre mes mains, dans les poches et dans mes comptes bancaires comme des bouts de pains.

Jean 19

19.31 Dans la crainte que les corps ne restassent sur la croix pendant le sabbat, -car c'était la préparation, et ce jour de sabbat était un grand jour, -les Juifs demandèrent à Pilate qu'on rompît les jambes aux crucifiés, et qu'on les enlevât.

19.32 Les soldats vinrent donc, et ils rompirent les jambes au premier, puis à l'autre qui avait été crucifié avec lui.

19.33 S'étant approchés de Jésus, et le voyant déjà mort, ils ne lui rompirent pas les jambes;

19.34 mais un des soldats lui perça le côté avec une lance, et aussitôt il sortit du sang et de l'eau

Que cette parole de l'évangile s'applique dans ce produit de la vigne. A partir de maintenant, qu'aucune condamnation ne vienne plus contre moi de la part des ennemis de la gloire de Dieu dans ma vie, ni contre mes entreprises et projets. Par cette parole de l'évangile, l'eau vive et le sang qui sont sortis de la côte de Jésus, soient pour moi et pour mes entreprises une protection et un blindage contre les échecs et leurs semblables. Par cette eau vive et ce sang, je puisse maintenant déclarer que ce produit de la vigne est le sang de Jésus, le breuvage anti démon et anti pauvreté dans ma vie et dans la vie de mes entreprises et projets. En amour inconditionnel de Jésus.

Prenez votre breuvage avec vos deux mains, buvez un peu, puis le reste mettez un peu dans l'eau de bain, chaque fois possible.

Devient le trône entrepreneurial et financier de Dieu

Eternel Dieu

Agneau de Dieu

Esprit de feu

Sainte Trinité

Entrepreneuriat de Jésus

Les Mains Entrepreneuriales de Jésus

Prédications Entrepreneuriales de Jésus

Enseignements Entrepreneuriaux de Jésus

Délivrances Entrepreneuriales de Jésus

Succès et réussite Entrepreneuriaux du trône de grâce

Bénédictions Entrepreneuriales du trône de grâce

Autorités Entrepreneuriales du trône de grâce

Les Merveilles Entrepreneuriales du trône de gloire

Entrepreneuriats des 4 êtres vivants

Les yeux Entrepreneuriaux des 4 êtres vivants

Révélations Entrepreneuriales des 4 êtres vivants

Visons Entrepreneuriales des 4 êtres vivants

Vues Entrepreneuriales des 4 êtres vivants

Vies Entrepreneuriales des 4 êtres vivants

Contrôles Entrepreneuriaux des 4 êtres vivants

Pensées Entrepreneuriales des 4 êtres vivants

Bénédictions Entrepreneuriales des 4 êtres vivants

Autorités Entrepreneuriales du trône de grâce

Succès et réussite Entrepreneuriaux des 4 êtres vivants

Discernements Entrepreneuriaux des 4 êtres vivants

Les 24 anciens Entrepreneuriaux du trône de grâce

Bénédictions Entrepreneuriales des 24 Anciens du trône de grâce

Adorations Entrepreneuriales des 24 Anciens du trône de grâce

Vies Entrepreneuriales des 24 Anciens du trône de grâce

Autorités Entrepreneuriales des 24 anciens du trône de grâce

Prosternations Entrepreneuriales des 24 Anciens du trône de grâce

Couronnes d'or Entrepreneuriales des 24 anciens du trône de grâce

Proclamations Entrepreneuriales des 24 anciens du trône de grâce

Les 7 esprits Entrepreneuriaux de Dieu

Les yeux Entrepreneuriaux des 7 esprits de Dieu

Autorités Entrepreneuriales des 7 esprits de Dieu

Règnes Entrepreneuriaux des 7 esprits de Dieu

Dominations Entrepreneuriales des 7 esprits de Dieu

Feux Entrepreneuriaux des 7 esprits de Dieu

Lumières Entrepreneuriales des 7 esprits de Dieu

Victoires Entrepreneuriales des 7 esprits de Dieu

Eclairs Entrepreneuriaux du trône de gloire

Les voix et les tonnerres Entrepreneuriaux du trône de gloire

Les 3 êtres Entrepreneuriaux apparus à Abraham à Mamré

Sons des 7 trompettes Entrepreneuriales

Les Anges Entrepreneuriaux des 7 trompettes

Les 7 Sceaux Entrepreneuriaux de la Révélation

Les 12 tributs Entrepreneuriales d'Israël

Les Evangiles Entrepreneuriaux de Matthieu

Les Evangiles Entrepreneuriaux de Marc

Les Evangiles Entrepreneuriaux de Luc

Les Evangiles Entrepreneuriaux de Jean

Actes Entrepreneuriaux des Apôtres

Les Archanges Entrepreneuriaux célestes

Les visages Entrepreneuriaux de l'Agneau de Dieu

Les Acclamations Entrepreneuriales de Dieu

Les Honneurs Entrepreneuriaux de Dieu

Les Jugements Entrepreneuriaux de Dieu

Les Jugements Entrepreneuriaux de l'Agneau de Dieu

Les Rachetés Entrepreneuriaux de l'Agneau de Dieu

Les Plantes de guérison de l'Entrepreneuriat céleste

Les Chars de feu de Dieu

Les Grondements Terribles Entrepreneuriaux du trône de gloire

Les Révélations Entrepreneuriales de Daniel

Onction Entrepreneuriale des psaumes de David

Onction Entrepreneuriale des Victoires de David

Onction Entrepreneuriale des Prières de guerre de David

Onction Entrepreneuriale des Prières d'intercession de Daniel

Onction Entrepreneuriale des Prières du jeûne d'Esther

Onction Entrepreneuriale des Evangiles de Jean

Onction Entrepreneuriale des dix commandements

Onction Entrepreneuriale du Jeûne d'Esther

Onction Entrepreneuriale de la Victoire sur la bête et sur les faux prophètes

Onction Entrepreneuriale de l'Arche de l'Eternel Dieu

Onction Entrepreneuriale du Manteau Prophétique d'Élie

Onction Entrepreneuriale du Centuple de la Portion Prophétique d'Élie

Onction Entrepreneuriale du Centuple des miracles d'Élie

Onction Entrepreneuriale de l'arche destructrice du dieu Dagon des philistins

Exterminateur des Egyptiens de la 10ème plaie

Guérison Entrepreneuriale céleste depuis le trône de gloire

Eau vive Entrepreneuriale du trône de gloire

Gloire Entrepreneuriale du trône du Père

Feu Entrepreneurial du trône de gloire

Barrière de Feu protectrice du trône de gloire

Feu Entrepreneurial destructeur de Sodome et Gomorrhe

Feu Entrepreneurial céleste divin

Déluge Entrepreneurial de Noé

Cour céleste divine Entrepreneuriale

Conseil divin Entrepreneurial de l'Agneau de Dieu

Arc en ciel céleste de protection

Alliance Entrepreneuriale de Dieu pour Abraham et sa génération

Onction de Succès Entrepreneurial d'Isaac

Onction Entrepreneuriale du Centuple de la Prospérité de Joseph en Egypte

Onction Entrepreneuriale du Centuple de la Prospérité de Daniel

Onction Entrepreneuriale du Centuple de la Prospérité de Shadrack

Onction Entrepreneuriale du Centuple de la Prospérité de Salomon

La Mer de verre Entrepreneurial du royaume des cieux

La Gloire Entrepreneuriale de Dieu

Le Règne Entrepreneurial de Dieu

La Sainteté Entrepreneuriale de Jésus

L'Amour Entrepreneurial de Jésus

Le Sang Entrepreneurial de Jésus

La Gloire Entrepreneuriale de Jésus

La Sainteté Entrepreneuriale de l'Agneau de Dieu

La Gloire Entrepreneuriale de l'Agneau de Dieu

Le Règne Entrepreneurial du Saint Esprit

Le Feu Entrepreneurial du Saint Esprit

La Domination Entrepreneurial du Saint Esprit

Le Trône de grâce Entrepreneurial

Déluge céleste Entrepreneurial

Déluge céleste, descend et rafraîchit l'atmosphère dans ma vie

Déluge céleste, descend et rafraîchit le réseau électrique de mon pays

Déluge céleste, descend et rafraîchit le courant électrique qui passe dans chacune de mes machines

Déluge céleste, descend et rafraîchit le courant électrique qui passe dans chaque appareil de ma maison

La présence effective des 4 êtres vivants Entrepreneuriaux dans ma vie, boostez mes entreprises

La présence effective des 24 anciens Entrepreneuriaux dans mes entreprises, boostez mes entreprises

La présence effective des 7 esprits Entrepreneuriaux de Dieu dans entreprises, boostez mes entreprises

Les 7 Anges des 7 coupes de l'accomplissement de la colère de Dieu, détruisez, exterminez les troubles faits de la gloire de Dieu dans ma vie

Que le châtiment du sang de l'Aigle soit le partage de tout opposant aux faveurs de l'Agneau de Dieu dans ma vie et dans mes entreprises.

Prière de protection contre la malveillance

Pour me protéger des personnes malveillantes, qui me veulent du mal, sont jalouses de moi, si je suis harcelé, victime de mobbing, ou si je sais que quelqu'un nourrit de mauvaises intentions à mon égard, voici une prière qui agira comme un "boomerang" en transformant cette négativité en amour inconditionnel.

"Toute pensée, acte, parole ou geste, émis contre moi, contre mes appareils de travail, tout esprit de mort, de pauvreté, tout poison occulte projeté dans mon bureau, ou en moi, ou contre mes enfants de jour comme de nuit, retourne à son émetteur en amour inconditionnel;
Toute personne touchant par des moyens occultes mes organes corporels, vœuguant contre moi ou contre mon bureau, s'interposant entre mes collaborateurs et moi, visible ou invisible, de jour comme de nuit, ou par qui que ce soit, que ces choses retournent à son émetteur en amour inconditionnel "

Le fait que je demande le retour à l'émetteur en amour inconditionnel est de faire transmuter le mal en bien dans tous les plants de ma vie, et qu'il fasse des miracles...

Ces personnes qui me regardent de travers, qui agissent derrière mon dos, qui pensent du mal de moi, qui veulent m'éliminer physiquement, qui en veulent à mes entreprises, qui m'empêchent de dormir, utilisent des esprits mal-saints intermédiaires pour atteindre à mon intégrité spirituelle, toutes les personnes physiques, toutes les personnes spirituelles qui acceptent de participer à ma destruction, à la destruction de mes entreprises, à la destruction de mes finances, à la destruction de mes relations publiques; qui acceptent de me tuer, qui acceptent de m'éliminer physiquement, que leur esprit de mort et leur mort se retournent contre elles sans déviation, et que toutes leurs malveillances se retournent également contre elles sans déviation en amour inconditionnel. Tous ceux qui vont dans le monde occulte pour invoquer mon nom, mes entreprises, mes finances ou mes enfants à des fin de destruction; tous ceux qui vont dans les maisons de diseurs de bonne aventure et invoquent mon nom, mes entreprises, mes finances ou un nom de mes enfants à des fin de destruction; tout ce qu'ils feront ou diront contre moi, contre mes finances ou contre un de mes enfants se retournent contre eux-mêmes à l'immédiat en amour inconditionnel. En somme, que toute leur malveillante se retourne contre eux-mêmes en amour inconditionnel. Quel que soit la forme, qu'elle leur soit retournée en amour inconditionnel.

L'amour inconditionnel est très puissant et que cette prière annule les mauvaises ondes émises contre moi et tout ce qui me concerne. Qu'elle forme un véritable bouclier et une bulle de protection en moi et tout autour de moi.

Références

Bible Louis second, bible de Jérusalem

Repenser sur le pain quotidien du peuple de Dieu et de l'Eglise

Rescapé de l'enfer

Délivré de la puissance des ténèbres

Prostitution spirituelle

Nouvelles évangiles

Écrits authentiques des Hébreux

Témoignages des anciens pratiquants de l'occultisme

Expérience dans le ministère

Expériences dans l'entrepreneuriat

Conférences édificatrices avec les anciens des traditions et des personnes avisées